Italie

Guide de voyage 2024-2025

Explorez les meilleures destinations, les trésors cachés, la gastronomie, la culture et les conseils de voyage pour un voyage inoubliable

par

Isabelle Rossi

Première édition

TABLE DES MATIÈRES

Chapitre 1

Introduction

Italie : un nom qui évoque des vignobles vallonnés, des ruines antiques, des côtes ensoleillées et des villes chargées d'histoire et d'art. C'est un pays où chaque recoin raconte une histoire, où le passé et le présent s'entremêlent dans une danse de culture, de cuisine et de créativité. Que vous rêviez d'une promenade romantique en gondole à Venise, d'une aventure culinaire à travers la Toscane ou d'une plongée profonde dans la grandeur impériale de Rome, l'Italie offre une gamme infinie d'expériences qui captivent les sens et enrichissent l'âme. Ce guide, Guide de voyage en Italie 2024-2025 : explorez les meilleures destinations, les trésors cachés, la gastronomie, la culture et les conseils de voyage pour un voyage inoubliable, est votre passeport pour découvrir tout ce que l'Italie a à offrir, que vous soyez un nouveau visiteur. ou un voyageur chevronné à la recherche de nouvelles aventures.

Qu'est-ce qui rend l'Italie si irrésistible ? C'est peut-être la grande diversité des expériences regroupées à l'intérieur de ses frontières. Des sommets enneigés des Dolomites aux plages ensoleillées de Sardaigne, des trésors de la Renaissance de Florence aux splendeurs baroques de Naples, l'Italie est un pays de contrastes et de surprises. Ce guide est conçu pour vous aider à naviguer dans ces contrastes, en offrant un aperçu détaillé des destinations incontournables ainsi que des joyaux cachés qui se cachent hors des sentiers battus. Que vos intérêts portent sur l'art, l'histoire, la gastronomie ou la nature, vous trouverez des informations soigneusement sélectionnées pour vous aider à élaborer un itinéraire adapté à vos passions et à votre rythme.

L'Italie est un pays qui récompense à la fois le voyageur bien planifié et l'explorateur spontané. Bien que ce guide offre une couverture complète des principales destinations d'Italie (Rome, Florence, Venise, Milan et au-delà), il vous encourage également à laisser de la place dans votre emploi du temps au hasard. Peut-être tomberez-vous sur une fête locale dans un petit village, où la communauté se rassemble pour célébrer les traditions transmises de génération en génération. Ou peut-être découvrirez-vous une trattoria familiale, nichée dans une ruelle tranquille, où la nourriture a le goût d'avoir été préparée avec des siècles d'amour et de soin. Ce sont ces moments qui rendent les voyages en Italie si mémorables, et ce guide a pour objectif de vous inciter à les rechercher.

Planifier un voyage en Italie peut être aussi excitant que le voyage lui-même, mais cela peut aussi être accablant. Avec tant de choses à voir et à faire, par où commencer ? Ce livre décompose le processus de planification en étapes gérables, offrant des conseils pratiques sur tout, du choix du meilleur moment pour visiter à la navigation dans le vaste réseau de transport du pays. Vous trouverez des conseils pour établir un budget, rester en bonne santé et en sécurité et tirer le meilleur parti de votre temps, que vous ayez une semaine, deux semaines ou un mois à explorer. Et parce que les besoins et les intérêts de chaque voyageur sont différents, le guide comprend des exemples d'itinéraires adaptés à une variété de styles de voyage, des aventures familiales aux escapades romantiques.

L'une des joies de voyager en Italie est de découvrir le riche patrimoine culinaire du pays. La cuisine italienne est célébrée dans le monde entier, mais rien de tel que de la goûter à la source. Ce guide vous emmène dans un voyage culinaire à travers les régions d'Italie, des plats rustiques de Sicile aux saveurs raffinées du Piémont. Vous découvrirez les meilleurs endroits pour déguster des spécialités locales, des marchés alimentaires animés aux restaurants étoilés Michelin. Et pour ceux qui souhaitent ramener un morceau d'Italie chez eux, il existe des recommandations de cours de cuisine et de visites gastronomiques qui offrent des expériences pratiques avec des chefs et artisans italiens renommés.

L'Italie n'est pas seulement une question de passé ; c'est aussi un pays à l'avant-garde de la mode, du design et de la culture contemporaine. Dans des villes comme Milan et Florence, vous trouverez des boutiques et des ateliers avant-gardistes où naissent les dernières tendances. Le guide explore l'influence de l'Italie sur la mode et le design mondiaux, en mettant en avant les principaux quartiers et événements pour les amateurs de mode. Mais il explore également l'héritage artistique du pays, avec une couverture approfondie de l'art et de l'architecture emblématiques de l'Italie, des fresques de la Chapelle Sixtine aux chefs-d'œuvre conservés dans la Galerie des Offices.

Pour les amoureux de la nature, l’Italie offre une multitude d’aventures en plein air. Le guide couvre tout, de la randonnée dans les Cinque Terre et les Dolomites au ski dans les Alpes et à l'exploration des magnifiques parcs nationaux du pays. Les paysages diversifiés de l’Italie offrent le cadre idéal pour des activités comme le vélo, les sports nautiques et l’observation de la faune. Que vous recherchiez le frisson de vacances actives ou la tranquillité d’une retraite pittoresque, ce guide vous aidera à trouver l’expérience de plein air parfaite.

En parcourant les pages de ce livre, vous constaterez que c’est plus qu’un simple guide : c’est une invitation à vous immerger dans l’essence de l’Italie. Le charme du pays ne réside pas seulement dans ses monuments célèbres, mais aussi dans ses moments quotidiens : la chaleur de ses habitants, le rythme de ses rues, l'arôme d'un expresso frais flottant dans l'air. Ce guide vous encourage à ralentir et à savourer ces moments, à vous engager dans l'Italie non seulement en tant que touriste mais en tant que voyageur désireux d'apprendre, d'explorer et de se connecter.

En écrivant ce guide, l'objectif était de créer une ressource aussi dynamique et multiforme que l'Italie elle-même. Les chapitres regorgent d'informations détaillées, mais ils sont également imprégnés d'un sentiment d'émerveillement et d'enthousiasme que nous espérons que vous emporterez avec vous tout au long de votre voyage. Que vous planifiiez votre premier voyage en Italie ou que vous reveniez explorer de nouvelles régions, ce guide est là pour vous aider à tirer le meilleur parti de votre temps, en vous offrant des informations qui enrichiront votre expérience et vous laisseront des souvenirs qui dureront toute une vie.

Alors, pourquoi devriez-vous choisir ce livre parmi les innombrables autres sur le marché ? En termes simples, ce guide est conçu en pensant à vous. Il est complet mais accessible, offrant à la fois des informations étendues et approfondies. C'est pratique, avec de nombreux conseils et recommandations pour rendre votre voyage fluide et agréable. Mais plus important encore, il est écrit avec une passion pour l'Italie qui, nous l'espérons, vous inspirera à vous lancer dans votre propre aventure italienne. Nous vous invitons à utiliser ce guide comme un compagnon de confiance pour explorer les merveilles de l'Italie et créer votre propre voyage inoubliable. Votre aventure vous attend : commençons.

Chapitre 2

Planifier votre voyage

Meilleur moment pour visiter

Choisir le meilleur moment pour visiter l'Italie est un élément crucial de la planification de votre voyage, car la diversité climatique du pays et la diversité des événements saisonniers peuvent avoir un impact significatif sur votre expérience. Le climat de l'Italie varie du nord au sud et la période idéale pour visiter dépend de ce que vous espérez vivre pendant votre voyage.

La haute saison touristique en Italie s'étend de la fin du printemps au début de l'automne, en particulier de juin à août. Pendant cette période, le temps est chaud, parfois chaud, et les journées sont longues, offrant suffisamment de lumière pour faire du tourisme. Cependant, c'est également à cette période que le pays accueille le plus de touristes, ce qui entraîne des attractions bondées, des prix plus élevés et une disponibilité moindre dans les hôtels et restaurants populaires. Dans les régions du sud comme la Sicile et la côte amalfitaine, les températures estivales peuvent monter en flèche, ce qui rend la situation inconfortable pour certains voyageurs. En revanche, les régions du nord et les zones montagneuses offrent des températures plus douces, ce qui les rend idéales pour les activités de plein air comme la randonnée et l'exploration.

Le printemps (de mars à mai) et le début de l'automne (de septembre à octobre) sont souvent considérés comme les meilleures périodes pour visiter l'Italie. Au printemps, la campagne est en pleine floraison et le temps est généralement doux et agréable, allant de 10°C à 20°C (50°F à 68°F) dans la plupart des régions. C'est également la période où de nombreux jardins et parcs célèbres d'Italie sont les plus beaux. Le début de l'automne est tout aussi attrayant, avec des journées chaudes et des nuits plus fraîches. Cette période est particulièrement attractive pour ceux qui s'intéressent à l'œnotourisme, car elle coïncide avec la saison des vendanges, notamment dans des régions comme la Toscane et le Piémont. Vous trouverez également moins de monde par rapport aux mois d'été, ce qui permettra de profiter plus facilement des principales attractions italiennes sans l'agitation.

L'hiver (de novembre à février) en Italie apporte un charme différent, en particulier dans les régions du nord où vous pourrez découvrir des paysages enneigés et vous adonner aux sports d'hiver dans les Alpes et les Dolomites. Des villes comme Rome, Florence et Venise sont beaucoup plus calmes pendant cette période, et vous pouvez souvent explorer ces centres culturels sans les longues files d'attente typiques de la haute saison. Le temps en hiver varie considérablement à travers le pays, les villes du nord comme Milan et Venise connaissant des conditions froides et brumeuses, tandis que les régions du sud, notamment la Sicile et Naples, restent relativement douces, avec des températures allant de 10°C à 15°C (50°C). F à 59°F).

Pour ceux qui s'intéressent aux événements culturels, planifier votre voyage autour des nombreux festivals italiens peut être une expérience enrichissante. Le Carnaval de Venise, qui a lieu en février, est l'une des fêtes les plus célèbres d'Italie, attirant des visiteurs du monde entier avec ses masques et costumes élaborés. Pâques, célébrée dans tout le pays, est un autre événement important, notamment dans des villes comme Rome, où le pape dirige des messes spéciales. Les mois d'été accueillent de nombreux festivals de musique et d'opéra, comme le Festival d'Opéra de Vérone, qui a lieu dans l'ancienne arène romaine, et le Festival de Jazz de l'Ombrie. En revanche, visiter l'Italie pendant la période de Noël offre la possibilité de découvrir les marchés de vacances traditionnels, les crèches et les lumières festives du pays, en particulier dans des villes comme Florence, Naples et Rome.

Lorsque vous planifiez votre voyage, réfléchissez au type de météo et aux expériences que vous préférez. Si vous aimez le temps chaud, les festivals animés et que la foule ne vous dérange pas, les mois d'été peuvent être idéaux pour vous. Cependant, si vous préférez une expérience plus détendue avec un temps plus doux et moins de touristes, le printemps et le début de l'automne sont probablement votre meilleur choix. Pour ceux qui aiment les sports d'hiver ou souhaitent explorer les villes italiennes sans la cohue des touristes, l'hiver offre une expérience plus calme et plus intime.

Vols et transports

Se rendre en Italie est relativement simple, avec de nombreux aéroports internationaux et une infrastructure de transport bien développée qui facilite les déplacements à l'intérieur du pays. La première étape pour planifier votre voyage est de choisir votre ville d'arrivée, qui dépendra en grande partie de votre itinéraire et des régions que vous envisagez d'explorer.

Les principaux aéroports internationaux italiens sont situés à Rome (aéroport Leonardo da Vinci-Fiumicino), Milan (aéroport de Malpensa) et Venise (aéroport Marco Polo). L'aéroport Fiumicino de Rome est le plus grand et le plus fréquenté d'Italie, proposant des vols directs depuis les principales villes du monde. C'est également un point d'entrée pratique si vous envisagez d'explorer le centre de l'Italie, notamment des destinations comme Rome, Florence et la côte amalfitaine. L'aéroport Malpensa de Milan est la principale porte d'entrée vers le nord de l'Italie, ce qui le rend idéal si votre itinéraire comprend des villes comme Milan, Venise ou les lacs italiens. L'aéroport Marco Polo de Venise est un autre point d'entrée clé, en particulier pour ceux qui envisagent de commencer leur voyage à Venise ou dans la région environnante de la Vénétie.

En plus de ces grands aéroports, il existe plusieurs petits aéroports internationaux dans toute l'Italie, tels que l'aéroport international de Naples, l'aéroport international de Pise et l'aéroport Peretola de Florence. Ces aéroports sont souvent desservis par des compagnies aériennes à bas prix, offrant des options plus abordables à ceux qui voyagent en Europe.

Une fois arrivé en Italie, il est facile de se déplacer dans le pays grâce à son vaste réseau de transport. Les trains à grande vitesse italiens, exploités par Trenitalia et Italo, relient les grandes villes comme Rome, Florence, Venise et Milan, faisant du voyage en train l'un des moyens les plus efficaces et les plus confortables d'explorer le pays. Ces trains sont modernes, rapides et offrent différentes classes de service pour s'adapter à différents budgets. Par exemple, les trains Frecciarossa peuvent atteindre des vitesses allant jusqu'à 300 km/h (186 mph), réduisant considérablement le temps de trajet. Réserver vos billets de train à l'avance peut vous faire économiser de l'argent, surtout si vous optez pour des tarifs promotionnels.

Pour voyager vers les petites villes et les zones rurales non desservies par les trains à grande vitesse, les trains régionaux italiens constituent une option fiable. Ces trains relient des destinations moins connues à travers le pays, vous permettant d’explorer la campagne italienne à un rythme plus détendu. Bien qu’ils soient plus lents et moins luxueux que les trains à grande vitesse, les trains régionaux sont abordables et permettent d’accéder à certains des endroits les plus charmants et authentiques d’Italie.

En plus des trains, l'Italie dispose d'un vaste réseau de bus qui relie les villes et les zones rurales. Les bus longue distance sont souvent l'option la plus économique, en particulier pour les voyageurs à petit budget. Des entreprises comme FlixBus et MarinoBus proposent des itinéraires entre les grandes villes et les petites villes, offrant ainsi une alternative au voyage en train. Les voyages en bus sont également une bonne option pour atteindre des destinations mal desservies par les trains, comme les villages reculés ou les zones côtières.

La location de voitures est une autre option pour ceux qui préfèrent la liberté et la flexibilité de conduire. Louer une voiture en Italie est simple, avec de nombreuses agences de location de voitures disponibles dans les aéroports et les centres-villes. Cependant, conduire en Italie peut être difficile, en particulier dans les grandes villes où les embouteillages et le stationnement peuvent être problématiques. De plus, de nombreux centres-villes historiques disposent de zones de circulation restreinte (ZTL), dans lesquelles seuls les résidents et les véhicules autorisés sont autorisés à entrer. La violation de ces restrictions peut entraîner de lourdes amendes. Cela dit, conduire est un excellent moyen d'explorer la campagne pittoresque de l'Italie, notamment des régions comme la Toscane, l'Ombrie et la côte amalfitaine, où les transports publics peuvent être limités.

Pour des distances plus courtes ou au sein des villes, des taxis et des services de covoiturage comme Uber sont disponibles, même s'ils peuvent être coûteux, en particulier dans les zones touristiques. Il convient de noter qu'Uber opère principalement dans les grandes villes comme Rome et Milan, et même là, il n'est peut-être pas aussi répandu que dans d'autres pays. Dans les petites villes et les zones rurales, les taxis devront peut-être être réservés à l'avance et les tarifs peuvent varier. Il est donc conseillé de se mettre d'accord sur un prix avant de commencer votre voyage.

Pour les destinations insulaires telles que la Sicile, la Sardaigne et les îles Éoliennes, les ferries sont un mode de transport courant. De nombreuses compagnies de ferry assurent des liaisons entre le continent et les îles, ainsi qu'entre les îles elles-mêmes. Les voyages en ferry peuvent être un moyen pittoresque et agréable d'atteindre ces destinations, offrant une vue imprenable sur la côte italienne. Pendant les mois d'été, des hydroptères à grande vitesse sont également disponibles, offrant une alternative plus rapide, bien que souvent plus coûteuse, aux ferries traditionnels.

Visa et documents de voyage

Lorsque vous planifiez votre voyage en Italie, il est essentiel de vous assurer que vous disposez du visa et des documents de voyage appropriés pour une entrée fluide et sans stress dans le pays. L'Italie est membre de l'espace Schengen, un groupe de 27 pays européens qui ont aboli les passeports et autres types de contrôle aux frontières mutuelles. Ainsi, les conditions de visa pour entrer en Italie dépendent de votre nationalité ainsi que du but et de la durée de votre séjour.

Les citoyens des pays de l’Union européenne (UE) et de l’Espace économique européen (EEE), ainsi que de la Suisse, n’ont pas besoin de visa pour entrer en Italie. Ils peuvent voyager librement dans l’espace Schengen pour une durée illimitée avec simplement un passeport ou une carte d'identité nationale en cours de validité. Pour les citoyens non-UE/EEE/Suisse, les exigences de visa varient en fonction du pays d'origine.

Les voyageurs de nombreux pays, dont les États-Unis, le Canada, l'Australie, le Japon et la Corée du Sud, n'ont pas besoin de visa pour de courts séjours allant jusqu'à 90 jours sur une période de 180 jours. Cette entrée sans visa est destinée aux visites touristiques, professionnelles ou familiales. Cependant, il est important de noter qu'à partir de 2025, les citoyens de ces pays devront demander une dispense de visa ETIAS (Système européen d'information et d'autorisation de voyage) avant de se rendre dans l'espace Schengen. Le processus ETIAS est simple et peut être complété en ligne et ne prend généralement que quelques minutes.

Si vous envisagez de rester en Italie plus de 90 jours ou à des fins autres que le tourisme (comme le travail, les études ou la résidence), vous devrez demander un type de visa spécifique. L'Italie propose plusieurs catégories de visas, notamment les visas de long séjour (appelés visas nationaux ou visas D), les visas de travail, les visas d'étudiant et les visas de regroupement familial. Le processus de demande de ces visas implique généralement la soumission d'un formulaire de demande, des pièces justificatives (telles qu'une preuve d'hébergement, de moyens financiers et d'assurance voyage) et la participation à un entretien au consulat ou à l'ambassade italienne de votre pays d'origine. Les délais de traitement peuvent varier, il est donc conseillé de postuler bien avant la date prévue de votre voyage.

Lorsque vous entrez en Italie, assurez-vous que votre passeport est valable au moins trois mois après votre date de départ prévue de l'espace Schengen, bien qu'il soit recommandé d'avoir une validité d'au moins six mois sur votre passeport pour éviter tout problème potentiel. À leur arrivée en Italie, les visiteurs non-UE/EEE/Suisse peuvent être tenus de présenter une preuve de voyage aller ou retour, ainsi qu'une preuve de fonds suffisants pour la durée de leur séjour. Il est également important d’avoir sur vous des copies de votre police d’assurance voyage, car une preuve de couverture peut être demandée à la frontière.

L'assurance voyage est fortement recommandée à tous les voyageurs, quelle que soit leur nationalité. Bien que ce ne soit pas une condition obligatoire pour entrer en Italie, avoir une assurance voyage complète peut offrir une tranquillité d'esprit en couvrant les situations inattendues telles que les urgences médicales, les annulations de voyage ou la perte de bagages. Certaines demandes de visa Schengen peuvent exiger une preuve d'assurance voyage répondant à des critères spécifiques, notamment un montant minimum de couverture. Assurez-vous que votre police d'assurance est valable pour tout l'espace Schengen et couvre toute la durée de votre séjour.

Pour les voyageurs envisageant de louer une voiture ou de conduire en Italie, un permis de conduire international (IDP) peut être requis, selon votre pays d'origine. Bien que les permis de conduire UE/EEE/Suisse soient reconnus en Italie sans avoir besoin d'un IDP, les conducteurs des pays tiers doivent vérifier si leur permis national est accepté. Un IDP est généralement facile à obtenir auprès de l'association automobile ou de l'autorité de délivrance des permis de votre pays d'origine et est souvent valable un an.

Il est également judicieux de faire des copies numériques de tous vos documents de voyage importants, notamment votre passeport, votre visa, votre police d'assurance voyage et votre carte d'identité. Stockez ces copies en toute sécurité dans un service cloud ou envoyez-les-vous par courrier électronique afin qu'elles soient accessibles en cas de perte ou de vol des originaux pendant votre voyage. Transporter des copies physiques dans un endroit distinct des originaux est une autre bonne précaution.

Conseils de budgétisation

La budgétisation de vos vacances en Italie est une partie essentielle du processus de planification, car l'Italie peut répondre à un large éventail de budgets de voyage, des folies luxueuses aux escapades abordables. Comprendre les coûts associés à l'hébergement, à la nourriture, aux activités et au transport vous aidera à tirer le meilleur parti de votre voyage sans trop dépenser.

L'hébergement constitue généralement la dépense la plus importante pour les voyageurs. L'Italie offre une variété d'options d'hébergement, allant des hôtels de luxe et des maisons d'hôtes de charme aux auberges économiques et aux locations de vacances. Dans les grandes villes comme Rome, Florence et Venise, les prix des hôtels peuvent être élevés, surtout pendant la haute saison touristique. Pour économiser de l'argent, pensez à réserver votre hébergement longtemps à l'avance ou à rechercher des offres sur les sites de voyage. Si vous êtes flexible sur vos dates de voyage, séjourner en dehors de la haute saison peut également vous permettre de réaliser d'importantes économies. Une autre option consiste à séjourner dans des villes plus petites ou à la périphérie des grandes villes, où les prix sont généralement plus bas et où vous pourrez découvrir un style de vie italien plus authentique.

Les locations de vacances, telles que celles disponibles sur Airbnb, sont un choix de plus en plus populaire en Italie, offrant plus d'espace et la commodité d'un logement indépendant. La location d'un appartement ou d'une maison peut être particulièrement rentable pour les familles ou les groupes voyageant ensemble. De plus, les agriturismos (séjours à la ferme) offrent une opportunité unique de séjourner dans des fermes en activité dans la campagne italienne, souvent à des prix raisonnables. Ces séjours comprennent souvent des repas faits maison à base de produits locaux, offrant un goût authentique de l'Italie rurale.

Le coût de la nourriture et des repas en Italie peut varier considérablement, selon l'endroit et la manière dont vous choisissez de manger. Bien que l'Italie soit connue pour ses restaurants haut de gamme et ses restaurants étoilés Michelin, il existe de nombreuses façons de savourer une délicieuse cuisine italienne sans se ruiner. Manger comme un local est l'une des meilleures stratégies pour économiser de l'argent sur la nourriture. Les trattorias et les osterias sont des restaurants italiens traditionnels qui proposent des plats copieux faits maison à des prix raisonnables. Ces établissements sont souvent familiaux et se concentrent sur les spécialités régionales, offrant une expérience culinaire authentique.

Un autre conseil pour économiser est de profiter de la culture culinaire de rue dynamique de l'Italie. Dans des villes comme Naples, Rome et Palerme, vous trouverez une variété de vendeurs de rue proposant de tout, de la pizza al taglio (pizza à la tranche) aux arancini (boulettes de riz farcies) et aux panini. Ces options abordables sont parfaites pour un déjeuner ou une collation rapide pendant que vous êtes en déplacement. De plus, de nombreuses villes italiennes disposent de marchés alimentaires où vous pouvez acheter des produits frais, des fromages, de la viande et du pain pour créer vos propres repas, ce qui est un excellent moyen d'économiser de l'argent si vous séjournez dans une location de vacances avec cuisine.

Les frais de transport peuvent également s'additionner, surtout si vous prévoyez de voyager beaucoup en Italie. Il existe cependant plusieurs façons de maîtriser les dépenses de transport. Comme mentionné précédemment, le réseau ferroviaire italien est étendu et offre diverses options adaptées à différents budgets. Les trains à grande vitesse sont plus rapides mais plus chers, tandis que les trains régionaux sont plus lents mais plus abordables. Réserver vos billets de train à l'avance peut souvent permettre de réaliser d'importantes économies, notamment pour les trajets longue distance. Pensez également à utiliser des pass ferroviaires comme l'Eurail Italy Pass, qui permet des déplacements illimités sur le réseau ferroviaire national pendant un nombre de jours défini.

Pour les déplacements sur de courtes distances au sein des villes, les transports publics constituent généralement l’option la plus économique. La plupart des villes italiennes disposent de systèmes de bus, de tramway et de métro efficaces, avec des billets simples ne coûtant que quelques euros. L'achat de cartes journalières ou de billets multitrajets peut vous permettre de réaliser des économies supplémentaires si vous prévoyez d'utiliser fréquemment les transports en commun. La marche est un autre excellent moyen d'explorer les villes italiennes, car la plupart des centres historiques sont compacts et adaptés aux piétons. Non seulement la marche est gratuite, mais elle vous permet également de découvrir de près le charme de la ville.

Si vous envisagez de louer une voiture, assurez-vous de prendre en compte le coût du carburant, des péages et du stationnement, qui peuvent être coûteux en Italie. Pour économiser de l'argent, optez pour un véhicule plus petit et plus économe en carburant et envisagez d'utiliser des itinéraires alternatifs qui évitent les autoroutes à péage. De plus, sachez que le stationnement dans les centres-villes peut être limité et coûteux, il est donc souvent préférable de se garer en périphérie et d'utiliser les transports en commun pour rejoindre le centre-ville.

Les activités et les attractions sont un autre domaine où les coûts peuvent varier considérablement. Les frais d'entrée à des sites populaires comme le Colisée, les musées du Vatican et la Galerie des Offices peuvent s'additionner, en particulier pour les familles. Pour économiser de l'argent, recherchez des billets combinés ou des city pass offrant une entrée à prix réduit à plusieurs attractions. De nombreuses villes, dont Rome, Florence et Milan, proposent des pass incluant les transports en commun et l'entrée aux principaux musées et sites. Profitez également des journées d'entrée gratuites proposées par de nombreux musées et sites historiques certains jours du mois.

Pour ceux qui aiment les activités de plein air, l'Italie propose de nombreuses options gratuites ou à faible coût, telles que la randonnée à la campagne, l'exploration des parcs nationaux et la visite des plages publiques. La beauté naturelle de l'Italie est l'un de ses plus grands atouts, et bon nombre des paysages les plus époustouflants du pays peuvent être appréciés à peu de frais, voire gratuitement.

Conseils en matière de santé et de sécurité

Rester en bonne santé et en sécurité lors d'un voyage en Italie est essentiel pour garantir un voyage agréable et sans stress. L'Italie est généralement un pays sûr pour les touristes, mais vous devez garder à l'esprit certaines considérations en matière de santé et de sécurité lorsque vous planifiez votre voyage.

Les conseils de santé commencent par vous assurer que vous disposez d'une assurance voyage adéquate qui couvre les frais médicaux, y compris les soins d'urgence et l'hospitalisation. Bien que l'Italie dispose d'un niveau de soins de santé élevé, les traitements médicaux peuvent être coûteux pour les citoyens non européens. Il est donc important de se préparer à tout problème médical inattendu. Les citoyens de l'UE doivent être munis de leur carte européenne d'assurance maladie (CEAM), qui donne accès aux soins médicaux nécessaires au même prix que les résidents.

Les vaccins ne sont généralement pas requis pour voyager en Italie, mais c'est une bonne idée d'être à jour sur les vaccins de routine tels que la rougeole, les oreillons, la rubéole (ROR), la diphtérie, le tétanos, la coqueluche et le vaccin annuel contre la grippe. En fonction de vos activités et destinations en Italie, des vaccins supplémentaires tels que ceux contre l'hépatite A et B peuvent être recommandés. Il est préférable de consulter votre médecin avant de voyager pour déterminer si des vaccins spécifiques sont nécessaires.

L’eau potable en Italie est généralement sûre et de haute qualité, il n’est donc pas nécessaire d’acheter de l’eau en bouteille. Les fontaines publiques, appelées « nasoni », sont courantes dans de nombreuses villes, notamment à Rome, et fournissent de l'eau potable fraîche et gratuite. Ces fontaines sont un excellent moyen de rester hydraté pendant vos visites, surtout pendant les mois chauds d'été. Toutefois, si vous voyagez dans des zones rurales ou séjournez dans des hébergements isolés, il est conseillé de vérifier la qualité de l’eau sur place ou d’opter pour de l’eau en bouteille en cas de doute.

La sécurité alimentaire en Italie est généralement excellente, avec des réglementations strictes en place pour garantir la qualité et l'hygiène des aliments. Manger dans les restaurants locaux, les marchés et les vendeurs de rue est généralement sans danger, mais il est toujours sage de faire preuve de bon sens. Choisissez des restaurants très fréquentés avec un taux de rotation élevé, car cela indique des aliments frais, et évitez les plats qui semblent avoir été servis depuis longtemps. Si vous avez des restrictions alimentaires ou des allergies, il est utile d’apprendre quelques phrases de base en italien pour communiquer vos besoins au personnel du restaurant.

Le climat de l'Italie varie selon les régions et les saisons, il est donc important de faire ses valises en conséquence pour rester confortable et en sécurité. En été, les températures peuvent être élevées, en particulier dans les régions du sud. Des vêtements légers et respirants, de la crème solaire et un chapeau sont donc essentiels. La déshydratation et l'épuisement dû à la chaleur sont des risques pendant cette période, alors assurez-vous de boire beaucoup d'eau et de faire des pauses à l'ombre ou à l'intérieur. En hiver, en particulier dans les régions du nord et dans les montagnes, les températures peuvent baisser considérablement. Des vêtements chauds, comprenant des couches, un bon manteau et des chaussures imperméables, sont donc nécessaires.

En matière de conseils de sécurité, l'Italie est un pays relativement sûr, mais comme toute destination touristique populaire, il est important d'être conscient des risques potentiels, en particulier dans les zones très fréquentées. Les vols à la tire peuvent être un problème dans les lieux touristiques très fréquentés, dans les transports en commun et dans les grandes villes comme Rome,

Milan et Naples. Pour vous protéger, gardez vos objets de valeur en sécurité et hors de vue. Utilisez une ceinture porte-monnaie ou un sac à bandoulière qui peut être porté près de votre corps et évitez de transporter de grosses sommes d'argent. Soyez particulièrement vigilant dans les zones très fréquentées comme les gares, les marchés et les attractions populaires, où les pickpockets sont plus susceptibles d'opérer.

Chapitre 3

Meilleures destinations

Rome : la Ville éternelle

Rome est une ville où l'histoire et la vie moderne coexistent dans une tapisserie vibrante de culture, d'art et d'activités quotidiennes. Connue sous le nom de « Ville éternelle », Rome offre aux visiteurs un voyage dans le temps, de ses ruines antiques à son art de la Renaissance, en passant par son architecture baroque et sa vie contemporaine trépidante. Aucune visite en Italie ne serait complète sans explorer le vaste paysage historique et culturel de Rome.

L'un des symboles les plus emblématiques de Rome est le Colisée, un ancien amphithéâtre qui existe depuis près de deux millénaires. En approchant de cette structure colossale, vous pouvez presque entendre les échos des combats de gladiateurs et le rugissement des foules qui remplissaient autrefois ses gradins. Le Colisée témoigne des prouesses techniques de l'Empire romain et une visite guidée vous mènera à travers ses salles souterraines, où gladiateurs et animaux sauvages attendaient leur sort, jusqu'aux étages supérieurs, offrant une vue imprenable sur les environs. La structure elle-même, bien que partiellement en ruine, dégage toujours une grandeur qui laisse les visiteurs bouche bée. Pour éviter les longues files d'attente qui se forment souvent devant ce site populaire, il est conseillé de réserver vos billets à l'avance ou de participer à une visite coupe-file.

À côté du Colisée se trouve le Forum romain, le cœur de la Rome antique. Ce vaste complexe de ruines était autrefois le centre de la vie publique, où se déroulaient des activités politiques, commerciales et religieuses. En vous promenant dans le Forum, vous pourrez suivre les traces des empereurs et des sénateurs en explorant les vestiges de temples, de basiliques et d'arcs de triomphe. La Via Sacra, l'artère principale qui traverse le Forum, vous mène devant certaines des structures les plus importantes, notamment l'Arc de Titus, le Temple de Saturne et la Maison des Vestales. Une visite au Forum romain permet de mieux comprendre la vie quotidienne des anciens Romains et la grandeur de l'empire à son apogée.

Non loin du Forum se trouve le Mont Palatin, l'une des sept collines de Rome et lieu de naissance légendaire de la ville. Selon le mythe, Romulus et Remus, les fondateurs de Rome, auraient été élevés par une louve sur cette colline. Aujourd'hui, le Palatin est une zone tranquille remplie de ruines antiques, notamment des vestiges de palais impériaux, de jardins et de temples. Du haut de la colline, vous serez récompensé par une vue panoramique sur le Forum romain d'un côté et sur le Circus Maximus de l'autre. La colline du Palatin est un endroit parfait pour échapper à l'agitation de la ville tout en se plongeant dans sa riche histoire.

Aucun voyage à Rome ne serait complet sans une visite de la Cité du Vatican, le plus petit État indépendant du monde et le cœur spirituel de l'Église catholique romaine. Le Vatican abrite certains des arts et de l'architecture les plus célèbres au monde, notamment la basilique Saint-Pierre et les musées du Vatican. La basilique Saint-Pierre, avec son impressionnant dôme conçu par Michel-Ange, est un chef-d'œuvre de l'architecture de la Renaissance. À l'intérieur, vous trouverez de superbes œuvres d'art, notamment la Pietà de Michel-Ange et le grandiose Baldaquin du Bernin. Grimper au sommet du dôme est un passage obligé pour ceux qui souhaitent profiter d’une vue imprenable sur la place Saint-Pierre et la ville de Rome.

Les musées du Vatican sont un trésor d’art, abritant l’une des collections les plus importantes au monde. En vous promenant dans les vastes salles et galeries, vous rencontrerez des œuvres de Raphaël, Léonard de Vinci et Caravage, entre autres. Le point culminant de toute visite aux musées du Vatican est sans aucun doute la chapelle Sixtine, où les célèbres fresques du plafond de Michel-Ange représentent des scènes du livre de la Genèse, notamment l'emblématique Création d'Adam. La chapelle abrite également le Jugement dernier de Michel-Ange, une fresque monumentale qui recouvre tout le mur de l'autel. Pour apprécier pleinement l'importance artistique et historique du Vatican, envisagez de participer à une visite guidée qui donnera un aperçu des chefs-d'œuvre exposés et de l'histoire fascinante de la papauté.

Au-delà de ses sites antiques et religieux, Rome est aussi une ville de quartiers animés, chacun avec son caractère et son charme uniques. Trastevere, situé sur la rive ouest du Tibre, est l'un des quartiers les plus pittoresques de Rome, connu pour ses rues pavées étroites, ses bâtiments couverts de lierre et ses places animées. Ici, vous pourrez explorer les marchés locaux, dîner dans des trattorias traditionnelles et déguster un verre de vin dans une enoteca confortable. L'atmosphère bohème et la riche histoire du Trastevere en font un lieu préféré des habitants et des visiteurs.

Pour ceux qui s'intéressent au côté plus moderne de Rome, Testaccio offre un aperçu du passé industriel de la ville et de son évolution en un centre culturel branché. Autrefois quartier ouvrier, Testaccio est désormais connu pour sa vie nocturne animée, ses galeries d'art contemporain et sa cuisine parmi les meilleures de Rome. Le marché Testaccio est un paradis pour les gourmands, proposant des produits frais, des produits artisanaux et une grande variété de plats de rue. Le quartier abrite également le MACRO, le musée d'art contemporain de Rome, où vous pourrez découvrir des expositions et des installations de pointe.

Florence : splendeur de la Renaissance

Florence, berceau de la Renaissance, est une ville qui a façonné le cours de l'art, de l'architecture et de la culture pendant des siècles. Se promener dans

Florence, c'est comme remonter dans le temps, où chaque recoin révèle un chef-d'œuvre et où l'héritage de la famille Médicis, qui a joué un rôle déterminant dans la promotion des réalisations artistiques de la ville, est encore palpable.

Le cœur de Florence est la Piazza del Duomo, dominée par la magnifique cathédrale de Florence (Cattedrale di Santa Maria del Fiore), également connue simplement sous le nom de Duomo. Cette cathédrale emblématique, avec sa superbe façade en marbre vert, rose et blanc, est l'un des symboles les plus reconnaissables de Florence. Le couronnement de la cathédrale est son dôme massif, conçu par Filippo Brunelleschi, qui reste le plus grand dôme en brique jamais construit. Grimper au sommet du dôme est une expérience inoubliable, offrant une vue panoramique sur les toits de tuiles rouges de Florence et la campagne toscane environnante. À l'intérieur de la cathédrale, les visiteurs peuvent admirer les fresques du Jugement dernier de Giorgio Vasari, qui recouvrent l'intérieur du dôme.

À côté du Duomo se trouve le Campanile de Giotto, un clocher joliment décoré qui complète le design de la cathédrale. L'ascension des 414 marches de la tour est un passage obligé pour ceux qui souhaitent profiter d'une vue imprenable sur la cathédrale et la ville en contrebas. Le baptistère Saint-Jean situé à proximité est un autre joyau architectural, réputé pour ses portes en bronze, notamment les portes du paradis de Lorenzo Ghiberti. Ces portes aux détails complexes représentent des scènes de l'Ancien Testament et sont considérées comme des chefs-d'œuvre de l'art de la Renaissance.

Florence abrite également certaines des collections d'art les plus importantes au monde, abritées dans ses musées renommés. La Galerie des Offices est une visite incontournable pour les amateurs d'art, présentant des œuvres de maîtres de la Renaissance tels que Botticelli, Léonard de Vinci, Michel-Ange et Raphaël. Parmi ses peintures les plus célèbres figurent La Naissance de Vénus de Botticelli, une représentation époustouflante de la déesse Vénus émergeant de la mer, et Primavera, qui capture la beauté et l'harmonie de la nature. La vaste collection de la galerie s'étend sur plusieurs siècles et offre un aperçu complet de l'évolution de l'art du Moyen Âge à la période baroque.

Un autre point fort de Florence est la Galerie de l'Académie, qui abrite le David de Michel-Ange, l'une des sculptures les plus emblématiques au monde. Ce chef-d'œuvre de 17 pieds de haut, sculpté dans un seul bloc de marbre, représente le héros biblique David dans un moment de calme avant son combat contre Goliath. Les détails incroyables et la qualité réaliste de la statue en font un incontournable pour tout visiteur de Florence. L'Académie abrite également une collection d'œuvres inachevées de Michel-Ange, connues sous le nom de Prisonniers, qui offrent un aperçu unique du processus créatif de l'artiste.

Le patrimoine artistique de Florence ne se limite pas à ses musées. La ville elle-même est un musée vivant, avec une architecture, des sculptures et des fresques époustouflantes trouvées dans ses églises, palais et espaces publics. La Piazza della Signoria est l'une des places les plus célèbres de Florence, dominée par l'imposant Palazzo Vecchio, l'hôtel de ville de la ville. La place est ornée d'une collection de sculptures, dont une réplique du David et Persée de Michel-Ange avec la tête de Méduse de Benvenuto Cellini. La Loggia dei Lanzi, située à proximité, est une galerie en plein air qui abrite plusieurs sculptures importantes, dont L'Enlèvement des Sabines de Giambologna.

Le Ponte Vecchio, le pont le plus ancien et le plus célèbre de Florence, est un autre monument incontournable. Ce pont médiéval, bordé de boutiques vendant de l'or et des bijoux, enjambe le fleuve Arno et offre des vues pittoresques sur la ville. Le pont a survécu à de nombreuses inondations et guerres, et sa conception unique et son importance historique en font l'un des endroits les plus photographiés de Florence. Pour une perspective différente, visitez les jardins de Boboli, un vaste parc derrière le palais Pitti. Ces jardins soigneusement aménagés offrent un refuge paisible loin de l'agitation de la ville, avec de magnifiques sculptures, fontaines et grottes à explorer.

Le rôle de Florence dans la Renaissance s'étend au-delà de son art et de son architecture. La ville était également un centre d'échanges intellectuels et culturels, où érudits, artistes et scientifiques se réunissaient pour partager des idées et repousser les limites du savoir. L'héritage de cette ferveur intellectuelle se ressent dans les nombreuses bibliothèques, archives et institutions universitaires de Florence, notamment la Bibliothèque Laurentienne, conçue par Michel-Ange, et le Musée Galilée, qui célèbre la vie et l'œuvre du célèbre astronome et physicien.

Venise : la ville des canaux

Venise, une ville pas comme les autres, est un chef-d'œuvre flottant d'art et d'architecture, où les rues sont faites d'eau et le principal moyen de transport est le bateau. Le cadre unique de la ville, avec ses canaux sinueux, ses ponts anciens et ses palais ornés, captive les voyageurs depuis des siècles. Le charme de Venise réside dans sa capacité à mélanger sa riche histoire avec une beauté presque surréaliste qui semble avoir été tirée d'un tableau.

Au cœur de Venise se trouve la place Saint-Marc (Piazza San Marco), l'une des places publiques les plus célèbres au monde. La place est dominée par la basilique Saint-Marc (Basilica di San Marco), un exemple étonnant de l'architecture byzantine avec ses cinq dômes, ses mosaïques complexes et ses détails dorés. La basilique est connue pour son design opulent et est souvent surnommée « l'Église de l'Or » en raison de l'utilisation intensive de feuilles d'or dans ses mosaïques. À l'intérieur, les visiteurs peuvent admirer l'étonnante Pala d'Oro, un retable orné de milliers de pierres précieuses, et les magnifiques mosaïques qui représentent des scènes bibliques et la vie de Saint-Marc.

À côté de la basilique se dresse le Campanile, le clocher emblématique de la basilique Saint-Marc. Construit au XIIe siècle et reconstruit après son effondrement en 1902, le Campanile offre une vue panoramique sur la ville et le lagon. Une visite au sommet est un incontournable pour ceux qui souhaitent capturer la beauté de Venise d'en haut. De l'autre côté de la place, vous trouverez le Palais des Doges (Palazzo Ducale), un chef-d'œuvre de l'architecture gothique qui servait de résidence au Doge, chef de Venise, et de siège du gouvernement vénitien. Le palais est un labyrinthe de grandes salles, d'escaliers ornés et de pièces richement décorées, dont beaucoup sont ornées de peintures de maîtres vénitiens tels que le Titien et le Tintoret.

Le Pont des Soupirs (Ponte dei Sospiri), qui relie le Palais des Doges à l'ancienne prison, est l'un des monuments les plus célèbres de Venise. Selon la légende, le pont doit son nom aux soupirs des prisonniers qui, après avoir traversé le pont, jetèrent un dernier regard sur la beauté de Venise avant d'être confinés dans leurs cellules. Aujourd'hui, le pont est un endroit prisé pour les photographies, offrant une vue romantique et quelque peu poignante sur le canal en contrebas.

L'une des façons les plus charmantes de découvrir Venise est de faire une promenade en gondole le long de ses canaux sinueux. Ces bateaux traditionnels à fond plat sont un symbole de Venise depuis des siècles, et une promenade à travers les canaux étroits et sous les nombreux ponts de la ville est une expérience vénitienne par excellence. Même si les promenades en gondole peuvent être coûteuses, elles offrent une perspective unique de la ville qui ne peut être égalée. Pour éviter la foule et profiter d'une balade plus paisible, pensez à faire un tour en gondole tôt le matin ou tard le soir, lorsque les canaux sont moins fréquentés.

Pour ceux qui cherchent à explorer au-delà des principales zones touristiques, Venise regorge de joyaux cachés à découvrir. Le marché du Rialto en est un exemple, offrant un aperçu de la vie quotidienne des Vénitiens. Situé près du pont du Rialto, une autre structure emblématique de Venise, le marché est le principal marché alimentaire de la ville depuis des siècles. Ici, vous pouvez trouver une variété de produits frais, de fruits de mer et de spécialités locales, et c'est un endroit idéal pour déguster quelques-uns des célèbres cicchetti de Venise (petites collations ou plats d'accompagnement) dans l'un des bacari (bars à vin) à proximité.

Venise abrite également certaines des collections d'art les plus importantes au monde, dont beaucoup sont situées dans d'anciens palais le long du Grand Canal. La Gallerie dell'Accademia est l'un des principaux musées d'art de Venise, présentant des œuvres de maîtres vénitiens tels que Bellini, Titien et Véronèse. La collection du musée s'étend sur plusieurs siècles et offre un aperçu complet de l'art vénitien de la période byzantine à la Renaissance et au-delà. Une autre visite incontournable pour les amateurs d'art est la collection Peggy Guggenheim, située dans le Palazzo Venier dei Leoni. Ce musée d'art moderne abrite une impressionnante collection d'œuvres d'artistes tels que Picasso, Pollock et Dalí, reflétant la passion de Peggy Guggenheim pour l'art d'avant-garde.

Le patrimoine culturel unique de Venise s'étend au-delà de son art et de son architecture jusqu'à son artisanat traditionnel. L'île de Murano, située à quelques minutes en bateau de la ville, est célèbre pour son industrie verrière, qui remonte au XIIIe siècle. Visiter Murano offre l'opportunité de voir des artisans qualifiés au travail, créant tout, des délicates perles de verre aux lustres élaborés. De nombreuses verreries proposent des visites où vous pourrez observer le processus de soufflage du verre et acheter de belles verreries directement à la source. Une autre île à visiter est Burano, connue pour ses maisons aux couleurs vives et sa tradition de fabrication de dentelle. La dentelle produite à Burano est très appréciée pour sa qualité et ses motifs complexes, et la visite des boutiques de dentelle et du musée de l'île offre un aperçu de cet artisanat vieux de plusieurs siècles.

Si la beauté de Venise est indéniable, la popularité de la ville en tant que destination touristique signifie qu'elle peut souvent être bondée, en particulier pendant la haute saison touristique. Pour tirer le meilleur parti de votre visite, il est important de planifier à l'avance et d'explorer certains des quartiers les moins connus de la ville. Dorsoduro, l'un des quartiers les plus calmes de Venise, offre une expérience vénitienne plus authentique avec ses charmantes rues, ses galeries d'art et ses cafés locaux. Le quartier abrite également la Punta della Dogana, un musée d'art contemporain installé dans une ancienne douane, qui offre une vue imprenable sur le Grand Canal et les toits de la ville.

Une autre façon d'échapper à la foule est d'explorer Venise la nuit. Alors que les excursionnistes partent et que la ville se calme, Venise prend une atmosphère différente, presque magique. Se promener dans les rues désertes et traverser les ponts doucement éclairés offre un sentiment d'intimité et permet d'apprécier la beauté de la ville sans l'agitation des foules diurnes.

Milan : mode et innovation

Milan, la deuxième plus grande ville d'Italie, est une métropole dynamique connue pour son mélange de monuments historiques et de modernité avant-gardiste. Souvent considérée comme la capitale mondiale de la mode, Milan est une ville où boutiques haut de gamme, art contemporain et design innovant cohabitent avec une architecture centenaire et des trésors culturels. Pour les visiteurs, Milan offre une gamme variée d'expériences, allant de l'exploration de son riche patrimoine artistique à la découverte des dernières tendances de la mode.

Au cœur de Milan se dresse la cathédrale de Milan (Duomo di Milano), l'une des cathédrales gothiques les plus grandes et les plus impressionnantes au monde. La façade complexe du Duomo, ornée d'innombrables statues, flèches et gargouilles, témoigne du savoir-faire et du talent artistique des artisans qui y ont travaillé pendant plus de six siècles. Une visite à l'intérieur de la cathédrale révèle de superbes vitraux, des sculptures complexes et un sentiment de grandeur qui reflète l'importance de Milan en tant que centre du pouvoir religieux et politique. L'un des points forts de toute visite au Duomo est la possibilité de monter sur le toit, où vous pourrez vous promener parmi les flèches et profiter d'une vue panoramique sur les toits de Milan.

À côté de la cathédrale se trouve la Galleria Vittorio Emanuele II, l'un des centres commerciaux les plus anciens du monde et symbole du statut de Milan en tant que capitale de la mode. La Galleria, avec son imposant dôme de verre et ses ferronneries ornées, abrite des boutiques de luxe, des cafés et des restaurants. Se promener dans la Galleria est une expérience en soi, car vous admirez les magnifiques mosaïques au sol et la grande architecture qui vous entoure. La Galleria est également un endroit populaire pour observer les gens, car les habitants et les visiteurs viennent voir et être vus dans ce cadre élégant.

La réputation de Milan en tant que plaque tournante de la mode et du design est célébrée deux fois par an lors de la Fashion Week de Milan, lorsque la ville devient l'épicentre de l'industrie mondiale de la mode. Pendant ce temps, les plus grands créateurs, mannequins et fashionistas du monde descendent à Milan pour présenter les dernières tendances sur les podiums. Pour ceux qui s'intéressent à la mode, visiter Milan pendant la Fashion Week offre la possibilité de vivre l'excitation des défilés, d'assister à des événements exclusifs et peut-être même d'apercevoir une ou deux célébrités. Cependant, même en dehors de la Fashion Week, la scène de la mode milanaise est omniprésente, avec de nombreuses boutiques de créateurs, concept stores et magasins phares proposant les dernières nouveautés en matière de haute couture.

Au-delà de ses références en matière de mode, Milan est également une ville d'art et de culture, avec une riche histoire qui remonte à l'époque romaine. L'un des trésors culturels les plus célèbres de la ville est la Cène de Léonard de Vinci, un chef-d'œuvre de l'art de la Renaissance situé dans le couvent de Santa Maria delle Grazie. Ce tableau emblématique, représentant le moment où Jésus annonce qu'un de ses disciples va le trahir, est réputé pour sa profondeur émotionnelle et sa composition innovante. En raison de sa fragilité, seul un nombre limité de visiteurs est autorisé à voir la Cène chaque jour, il est donc essentiel de réserver ses billets longtemps à l'avance.

Le patrimoine artistique de Milan est également évident dans ses nombreux musées et galeries. La Pinacothèque de Brera est l'un des musées d'art les plus importants d'Italie, abritant une vaste collection d'œuvres de maîtres italiens tels que le Caravage, Raphaël et Titien. Le musée est situé dans le quartier historique de Brera, connu pour son atmosphère bohème, ses rues pavées et sa scène artistique dynamique. Le quartier abrite également l'Académie de Brera, une école d'art réputée qui a formé certains des artistes italiens les plus célèbres. Explorer les rues étroites de Brera et visiter ses galeries et ses studios offre un aperçu de l'esprit créatif de Milan.

L'engagement de Milan en matière d'innovation et de design est peut-être mieux illustré par la Triennale di Milano, un musée et une institution culturelle dédié à l'art contemporain, au design et à l'architecture. Située dans le Palazzo dell'Arte, au sein du pittoresque Parco Sempione, la Triennale est une plaque tournante d'expositions et d'événements de pointe qui mettent en valeur le rôle de Milan en tant que leader mondial du design. Les expositions tournantes du musée présentent de tout, du design industriel et de la mode à l'art et à l'architecture multimédia, reflétant l'engagement de Milan en faveur de l'innovation et de la créativité.

Chapitre 4

Trésors cachés et hors des sentiers battus

L'Italie est un pays qui éblouit constamment les visiteurs avec ses monuments emblématiques, du Colisée de Rome aux canaux de Venise. Cependant, au-delà des sentiers battus de ces sites célèbres se trouve une autre Italie : une Italie de villages pittoresques, de sites historiques moins connus et de merveilles naturelles intactes qui offrent une expérience de voyage authentique et profondément enrichissante. Dans ce chapitre, nous vous emmènerons dans un voyage à la découverte de certains des joyaux cachés de l'Italie, où l'essence de la riche histoire, de la culture et des paysages du pays peut être pleinement appréciée loin des foules.

Villages et villes pittoresques

L'un des aspects les plus enchanteurs de l'Italie réside dans ses innombrables villages et petites villes, chacun avec son charme, son histoire et ses traditions uniques. Alors que des villes comme Florence et Rome attirent la majorité des visiteurs, c’est dans les coins les moins explorés du pays que vous découvrirez le véritable esprit de l’Italie. Ces villes offrent un aperçu intime de la vie locale, où les anciennes coutumes sont encore vivantes et où le rythme de vie ralentit.

Nichée dans la région reculée de la Basilicate, Matera est une ville longtemps restée cachée des itinéraires touristiques typiques, mais elle abrite pourtant l'un des sites les plus extraordinaires d'Italie : les Sassi di Matera. Ces anciennes habitations troglodytes creusées dans le calcaire sont habitées depuis des milliers d'années et sont aujourd'hui inscrites au patrimoine mondial de l'UNESCO. En vous promenant dans le labyrinthe de ruelles étroites, d’escaliers en pierre et d’églises taillées dans le roc, vous aurez l’impression de remonter dans le temps. L’histoire de Matera, l’une des plus anciennes villes habitées au monde, est palpable à chaque instant. Ces dernières années, Matera a acquis une certaine reconnaissance, mais elle conserve toujours une atmosphère hors des sentiers battus, ce qui en fait une destination idéale pour ceux qui recherchent une expérience unique et immersive.

Plus au sud, dans la région des Pouilles, Alberobello offre un autre aperçu des merveilles architecturales de l'Italie. La ville est célèbre pour ses trulli, des cabanes en pierre blanchies à la chaux et aux toits coniques, qui ressemblent à des contes de fées. Ces structures uniques, datant du 14ème siècle, sont dispersées dans toute la ville, créant un paysage pittoresque et surnaturel. L'histoire des trulli est aussi fascinante que leur apparence ; ils ont été construits à l'origine sans mortier afin de pouvoir être facilement démontés en cas de contrôle fiscal. Aujourd'hui, Alberobello est un site du patrimoine mondial de l'UNESCO, mais il reste un endroit calme et serein où vous pourrez explorer les rues bordées de trulli, visiter le Trullo Sovrano (le plus grand trullo de la ville) et déguster la cuisine locale, profondément enracinée. dans les traditions des Pouilles.

Un autre joyau est San Gimignano, une ville médiévale au cœur de la Toscane qui est souvent éclipsée par ses voisines plus célèbres, Sienne et Florence. Connue sous le nom de « Ville aux belles tours », San Gimignano possède une ligne d'horizon rythmée par 14 tours médiévales qui s'élèvent au-dessus de la campagne environnante. Ces tours, construites par des familles nobles rivales comme symboles de leur richesse et de leur pouvoir, donnent à la ville un aspect distinctif et impressionnant. En vous promenant dans les rues pavées de San Gimignano, vous découvrirez une architecture médiévale magnifiquement préservée, de charmantes places et une vue imprenable sur les collines toscanes. La ville est également réputée pour sa Vernaccia di San Gimignano, un vin blanc vif produit ici depuis la Renaissance. Une visite à San Gimignano offre l'occasion de remonter dans le temps et de savourer le rythme lent de la vie rurale en Toscane.

Alors que Matera, Alberobello et San Gimignano offrent des expériences distinctes, l'Italie est parsemée d'innombrables autres villages et villes qui racontent chacun leur propre histoire. Qu'il s'agisse des maisons colorées des Cinque Terre, des rues anciennes d'Assise ou du charme côtier de Positano, explorer ces destinations moins connues vous permet de vous connecter avec l'Italie à un niveau plus profond, loin de l'agitation des touristes. zones lourdes.

Sites historiques moins connus

La riche histoire de l'Italie est visible à chaque tournant, avec des ruines antiques, de grands palais et des monuments historiques qui attirent des millions de visiteurs chaque année. Cependant, au-delà des sites bien connus comme le Forum romain et Pompéi, il existe d'innombrables trésors historiques moins connus qui offrent un aperçu plus calme, mais non moins fascinant, du passé de l'Italie.

L'un de ces sites est Paestum, une ancienne ville grecque située dans la région de Campanie, au sud de Naples. Fondée vers 600 avant JC, Paestum abrite certains des temples grecs les mieux conservés au monde, rivalisant avec ceux que l'on trouve en Grèce même. Les trois temples principaux – le temple d'Héra, le temple d'Athéna et le temple de Neptune – se dressent majestueusement dans un vaste parc archéologique, entouré des vestiges des anciens murs de la ville, des rues et d'autres structures. L'isolement relatif du site signifie qu'il est souvent négligé par les touristes, ce qui en fait un endroit paisible pour explorer la grandeur de l'architecture grecque antique. Le musée de Paestum, situé à proximité, abrite une collection d'objets découverts sur le site, notamment des tombes magnifiquement peintes, des poteries et des sculptures, offrant un aperçu plus approfondi de la vie et de la culture des anciens habitants.

Plus proche de Rome, l'ancienne ville portuaire d'Ostia Antica offre une alternative fascinante aux ruines les plus célèbres de Pompéi. Autrefois un port animé à l'embouchure du Tibre, Ostia Antica était une plaque tournante vitale du commerce dans l'Empire romain. Aujourd'hui, c'est l'un des sites archéologiques les mieux conservés d'Italie, avec de vastes ruines qui donnent une image vivante de la vie quotidienne d'une ancienne ville romaine. En vous promenant dans les rues d'Ostia Antica, vous pourrez explorer les vestiges de maisons, de bains publics, de temples et de théâtres, dont beaucoup conservent encore leurs mosaïques et fresques d'origine. La vaste taille du site et son cadre tranquille en font une destination idéale pour les passionnés d'histoire souhaitant se plonger plus profondément dans le passé impérial de Rome sans les foules qui accompagnent généralement les sites plus célèbres.

Sur l'île de Sicile, la Vallée des Temples (Valle dei Templi) près d'Agrigente est un autre site remarquable qui passe souvent sous le radar de nombreux voyageurs. Ce site classé au patrimoine mondial de l'UNESCO est l'un des sites archéologiques les plus importants d'Italie, contenant les ruines de plusieurs temples grecs antiques remontant au 5ème siècle avant JC. Le temple de la Concorde, l'un des temples doriques les mieux conservés au monde, témoigne de l'éclat architectural des Grecs de l'Antiquité. La Vallée des Temples abrite également, entre autres, le Temple de Junon, le Temple d'Héraclès et le Temple de Zeus Olympien. Avec en toile de fond des collines et des oliveraies, le site offre une vue imprenable sur l'histoire ancienne se fondant harmonieusement dans le paysage naturel. Visiter la Vallée des Temples n'est pas seulement un voyage dans le passé, mais aussi l'occasion de découvrir la beauté époustouflante de la campagne sicilienne.

Ces sites historiques moins connus offrent une expérience plus intime et plus réfléchie, permettant aux visiteurs de se connecter avec le passé antique de l'Italie sans être distraits par les grandes foules. Que vous exploriez les ruines antiques de Paestum, les trésors cachés d'Ostia Antica ou les majestueux temples de Sicile, ces sites permettent de mieux comprendre le riche patrimoine culturel italien.

Merveilles naturelles et paysages pittoresques

La beauté naturelle de l'Italie est aussi diversifiée que son histoire et sa culture, avec un paysage qui s'étend des montagnes imposantes et des lacs sereins aux côtes spectaculaires et aux îles volcaniques. Si la côte amalfitaine et les collines de la Toscane sont bien connues de nombreux voyageurs, l'Italie abrite également une multitude de merveilles naturelles cachées qui offrent des paysages à couper le souffle et un sentiment de tranquillité loin des hauts lieux touristiques.

Les Dolomites, une chaîne de montagnes du nord-est de l'Italie, comptent parmi les merveilles naturelles les plus étonnantes et les moins explorées du pays. Faisant partie des Alpes calcaires du sud, les Dolomites se caractérisent par leurs sommets déchiquetés, leurs vallées profondes et leurs vastes plateaux, ce qui en fait un paradis pour les amateurs de plein air. La région est inscrite au patrimoine mondial de l'UNESCO et offre un large éventail d'activités, de la randonnée et de l'escalade en été au ski et au snowboard en hiver. L'un des endroits les plus emblématiques des Dolomites est les Tre Cime di Lavaredo, trois formations rocheuses imposantes qui symbolisent la région. Les environs sont sillonnés de sentiers bien balisés offrant une vue imprenable sur les montagnes, les prairies alpines et les lacs aux eaux cristallines. Que vous soyez un randonneur expérimenté ou que vous cherchiez simplement à profiter de la beauté naturelle des montagnes, les Dolomites offrent une évasion parfaite dans les paysages sauvages et intacts de l'Italie.

Pour ceux qui préfèrent la tranquillité des lacs, le lac d'Orta, dans la région du Piémont, offre une alternative sereine aux plus célèbres lacs de Côme et de Garde. Souvent décrit comme le lac le plus romantique d’Italie, le lac d’Orta est un joyau caché qui a su conserver son charme préservé. La ville d'Orta San Giulio, avec ses rues pavées étroites, ses charmantes places et sa magnifique promenade au bord du lac, constitue le point de départ idéal pour explorer la région. Un court trajet en bateau vous emmène à Isola San Giulio, une petite île au milieu du lac, qui abrite une belle basilique et un monastère bénédictin. L’atmosphère paisible de l’île et ses vues imprenables en font un endroit parfait pour la contemplation et la détente. Les collines et les forêts environnantes offrent de nombreuses possibilités de randonnées et de pique-niques, faisant du lac d'Orta une destination idéale pour ceux qui cherchent à échapper à la foule et à s'immerger dans la nature.

Le littoral italien est parsemé de belles plages et d'îles, mais peu sont aussi enchanteresses et isolées que les îles Éoliennes, situées au large de la côte nord de la Sicile. Cet archipel volcanique se compose de sept îles, chacune avec son caractère et son paysage uniques. Les îles sont inscrites au patrimoine mondial de l'UNESCO, reconnues pour leurs paysages volcaniques uniques, leur riche biodiversité et leur importance historique.

Chacune des îles Éoliennes offre une expérience différente, ce qui en fait un paradis pour les voyageurs en quête d'aventure et de détente. Stromboli, peut-être la plus célèbre des îles, abrite l'un des volcans les plus actifs au monde. Le paysage spectaculaire de l'île est dominé par le cratère constamment fumant, et les visiteurs peuvent entreprendre des randonnées guidées pour assister aux éruptions spectaculaires qui illuminent le ciel nocturne. L’expérience de regarder la lave en fusion couler sur les pentes du volcan sur fond de ciel étoilé est tout simplement impressionnante, offrant un lien rare avec la puissance brute de la nature.

Pour ceux qui recherchent une expérience plus tranquille, l'île de Salina est connue pour sa verdure luxuriante, ses vignobles et ses plages paisibles. Salina est la deuxième plus grande des îles Éoliennes et est souvent surnommée « l'île verte » en raison de son paysage verdoyant. Les sommets jumeaux de l'île, le Monte Fossa delle Felci et le Monte dei Porri, sont des volcans éteints qui offrent d'excellentes possibilités de randonnée, offrant une vue panoramique sur la mer et les îles environnantes. Salina est également célèbre pour sa production de Malvasia, un vin de dessert doux produit sur l'île depuis des siècles. Les visiteurs peuvent visiter les vignobles locaux, déguster le vin et profiter de l'atmosphère authentique et tranquille de l'île.

Un autre joyau de l'archipel éolien est Lipari, la plus grande et la plus peuplée des îles. Lipari est la porte d'entrée principale des îles Éoliennes et est connue pour sa charmante ville, avec ses rues étroites, ses maisons aux couleurs pastel et son port animé. Le musée archéologique de Lipari est une visite incontournable, offrant une collection fascinante d'objets qui couvrent la longue histoire de l'île, de la préhistoire à l'époque romaine. Le littoral de Lipari est parsemé de belles plages et de criques isolées, ce qui en fait un endroit idéal pour nager, faire de la plongée en apnée et simplement profiter du soleil. Les origines volcaniques de l'île sont évidentes dans ses superbes formations rocheuses et ses falaises de pierre ponce, qui créent un contraste saisissant avec les eaux turquoise de la mer Tyrrhénienne.

Au-delà des îles Éoliennes, les merveilles naturelles de l'Italie s'étendent à d'autres régions côtières et intérieures moins connues. La côte du Cilento, située au sud de la côte amalfitaine, est un trésor caché qui offre une expérience balnéaire italienne plus intacte et authentique. Cette partie du littoral fait partie du parc national du Cilento et du Vallo di Diano, un site classé au patrimoine mondial de l'UNESCO qui abrite des plages immaculées, des eaux cristallines et des ruines antiques. Les villages de la côte du Cilento, comme Acciaroli et Palinuro, ont conservé leur charme traditionnel, avec des ports pittoresques, des restaurants de fruits de mer et des habitants accueillants. La région du Cilento est également connue pour son rôle dans le développement du régime méditerranéen, et les gourmands y trouveront de quoi se régaler, des fruits de mer frais à l'huile d'olive et à la mozzarella produites localement.

À l'intérieur des terres, le parc national du Gran Sasso et des Monti della Laga, dans la région des Abruzzes, offre une autre facette de la beauté naturelle de l'Italie. Ce vaste parc, qui englobe une partie de la chaîne de montagnes des Apennins, est un paradis pour les amateurs de plein air, avec ses sommets escarpés, ses vallées profondes et sa faune diversifiée. Le massif du Gran Sasso abrite le Corno Grande, le plus haut sommet des Apennins, et est une destination prisée pour la randonnée, l'escalade et le ski. Le parc est également riche en patrimoine culturel, avec des villages anciens, des châteaux médiévaux et des traditions pastorales séculaires qui continuent de prospérer. Visiter la région du Gran Sasso offre l'occasion d'explorer une partie moins connue de l'Italie, où nature et histoire cohabitent dans un paysage d'une beauté à couper le souffle.

Qu'il s'agisse de la splendeur volcanique des îles Éoliennes, de la beauté sereine du lac d'Orta ou des montagnes escarpées des Dolomites, les joyaux cachés de l'Italie et les destinations hors des sentiers battus offrent aux voyageurs la chance de découvrir une facette du pays qui est à la fois authentique et profondément enrichissant. Ces lieux, éloignés de la foule des sites touristiques les plus célèbres, permettent un lien plus intime et personnel avec la diversité des paysages, la riche histoire et la culture vibrante de l'Italie. En vous aventurant au-delà des itinéraires habituels, vous pourrez découvrir la véritable essence de l'Italie : une terre de découvertes sans fin, où chaque coin recèle une histoire qui attend d'être racontée.

En explorant ces joyaux cachés, vous constaterez que le voyage lui-même devient aussi enrichissant que les destinations, à mesure que vous vous immergez dans la beauté, la tranquillité et le charme intemporel qui font de l'Italie l'un des pays les plus captivants au monde. Que vous déambuliez dans les rues anciennes d'un village oublié, émerveillé devant un monument historique méconnu ou contempliez un paysage naturel à couper le souffle, ces expériences hors des sentiers battus vous laisseront des souvenirs inoubliables. aussi durables qu'extraordinaires.

Chapitre 5

Expériences culinaires

La cuisine italienne est une extraordinaire tapisserie de saveurs, profondément enracinée dans les traditions régionales transmises de génération en génération. Contrairement à toute autre tradition culinaire, la cuisine italienne varie considérablement d'une région à l'autre, chacune offrant une identité culinaire unique façonnée par la géographie, le climat et l'histoire. Des plats riches et copieux du Nord aux saveurs vibrantes et ensoleillées du Sud, la cuisine italienne est un voyage à travers le temps et l'espace, chaque région offrant ses propres spécialités délicieuses qui racontent l'histoire de sa terre et de ses habitants.

Cuisine italienne régionale

La diversité de la cuisine italienne est le reflet des régions distinctes du pays, chacune possédant ses propres trésors culinaires. Dans les régions du nord, comme le Piémont, la Lombardie et la Vénétie, la cuisine est souvent riche et réconfortante, mettant l'accent sur le riz, le fromage, le beurre et la viande. Dans le Piémont, région connue pour ses terres fertiles et ses vignobles prestigieux, des plats comme la Bagna Cauda, une trempette chaude aux anchois et à l'ail, et les Agnolotti, de petites pochettes de pâtes farcies, témoignent de l'amour de la région pour les saveurs corsées. Le Piémont est également le berceau du risotto, la version la plus célèbre étant le Risotto alla Milanese, un plat de riz crémeux parfumé au safran, originaire de Lombardie. L'abondance d'ingrédients frais, comme les truffes, les champignons et les châtaignes, joue également un rôle important dans l'identité culinaire de la région.

En allant vers l'est, en Vénétie, on trouve une cuisine fortement influencée par les cours d'eau environnants. Venise, la capitale de la région, est célèbre pour ses fruits de mer, et des plats comme la Sarde in Saor (sardines aigre-douces) et le Risotto al Nero di Seppia (risotto à l'encre de seiche) sont des spécialités locales très appréciées. L'influence des routes commerciales vénitiennes est également évidente dans l'utilisation d'épices comme la cannelle, les clous de girofle et la muscade, qui ajoutent une profondeur de saveur unique à de nombreux plats. La polenta, un plat polyvalent à base de semoule de maïs, est un incontournable en Vénétie et peut être servie de différentes manières – molle, grillée ou frite – en accompagnant souvent des viandes ou du poisson.

Dans le centre de l'Italie, la cuisine est marquée par la simplicité et l'accent mis sur des ingrédients locaux de haute qualité. La Toscane, avec ses collines et ses vallées fertiles, est connue pour ses plats rustiques et copieux qui célèbrent la générosité agricole de la région. La Bistecca alla Fiorentina, un steak en T épais, est le couronnement de la cuisine toscane, traditionnellement cuite au feu de bois et servie saignante. La région est également célèbre pour ses soupes, telles que la Ribollita, une soupe nourrissante aux légumes et au pain, et la Pappa al Pomodoro, une soupe aux tomates et au pain qui illustre la philosophie toscane consistant à tirer le meilleur parti d'ingrédients simples et frais. L'utilisation de l'huile d'olive, des herbes comme le romarin et la sauge, et du gibier sauvage comme le sanglier et le lapin sont au cœur de la cuisine toscane, reflétant le lien de la région avec la terre.

À l’est, en Émilie-Romagne, on rencontre le cœur culinaire de l’Italie, qui abrite certains des aliments les plus emblématiques du pays. Cette région est le berceau du Parmigiano-Reggiano, du Prosciutto di Parma et du vinaigre balsamique de Modène, chacun réputé dans le monde entier pour sa qualité et sa saveur exceptionnelles. L'Émilie-Romagne est également célèbre pour ses plats de pâtes, les Tagliatelles al Ragù (communément appelées spaghettis à la bolognaise) et les Tortellini in Brodo (petites pâtes en forme d'anneau servies dans un bouillon) étant deux des plus célèbres. L’amour de la région pour les saveurs riches et gourmandes est évident dans chaque plat, ce qui en fait une visite incontournable pour tout amateur de gastronomie.

À mesure que l'on voyage vers le sud, la cuisine devient plus légère et plus méditerranéenne, mettant l'accent sur les légumes frais, l'huile d'olive, les fruits de mer et les agrumes. En Campanie, berceau de la pizza, la célèbre Pizza Margherita occupe le devant de la scène, avec sa combinaison simple mais divine de tomates, de mozzarella et de basilic représentant les couleurs du drapeau italien. Le sol volcanique et le climat ensoleillé de la région produisent également certaines des meilleures tomates, citrons et mozzarella di bufala d'Italie, qui figurent en bonne place dans des plats comme les

Spaghetti alle Vongole (spaghetti aux palourdes) et l'Insalata Caprese (une salade de tomates, mozzarella et basilic). . L'influence côtière est forte, les fruits de mer frais jouant un rôle de premier plan dans de nombreux plats, du Frutti di Mare (mélange de fruits de mer) au Gamberi alla Sorrentina (crevettes dans une sauce au citron et à l'ail).

Plus au sud, en Sicile, la cuisine est une fusion vibrante de saveurs, reflétant la riche histoire de domination étrangère de l'île par les Grecs, les Arabes, les Normands et les Espagnols. La cuisine sicilienne se caractérise par son utilisation audacieuse d'épices, de fruits secs et de noix, comme en témoignent des plats comme la Caponata, un plat d'aubergines aigre-douce, et les Pasta con le Sarde, un plat de pâtes aux sardines, fenouil, raisins secs et pin. des noix. L'île est également connue pour ses friandises, les Cannoli (coquilles de pâtisserie croustillantes fourrées à la ricotta sucrée) et la Cassata (un gâteau à la ricotta recouvert de pâte d'amande et de fruits confits) étant deux des plus célèbres. L'abondance de produits frais, comme les tomates, les aubergines et les agrumes, ainsi que l'influence de la mer, font de la cuisine sicilienne un régal pour les sens.

Chaque région d'Italie offre une expérience culinaire aussi variée et unique que le paysage lui-même. Des plats riches et crémeux du nord aux saveurs légères et vibrantes du sud, l'exploration de la cuisine italienne régionale est un voyage de découverte qui vous laissera une appréciation plus profonde du patrimoine culinaire diversifié du pays.

Visites et dégustations de vins

Aucune exploration de la cuisine italienne ne serait complète sans un voyage à travers les régions viticoles renommées du pays, où l'art de la vinification s'est perfectionné au fil des siècles. L'Italie est l'un des plus grands producteurs de vin au monde et ses divers terroirs, climats et cépages en font un paradis pour les amateurs de vin. Que vous soyez un connaisseur ou un passionné occasionnel, embarquer pour un voyage viticole en Italie offre l'occasion de déguster des vins exceptionnels, d'en apprendre davantage sur le processus de vinification et de profiter des magnifiques paysages des vignobles.

La Toscane est peut-être la plus célèbre des régions viticoles d'Italie, connue pour ses collines, ses vignobles pittoresques et ses vins de classe mondiale. La région est le berceau du Chianti, l'un des vins les plus emblématiques d'Italie, élaboré principalement à partir du cépage Sangiovese. La région du Chianti, qui s'étend entre Florence et Sienne, est parsemée de charmants villages et de vignobles historiques où vous pourrez déguster différentes variétés de Chianti, du Chianti Classico léger et fruité au Chianti Riserva, plus robuste. Une visite à la cave Antinori Chianti Classico, une installation ultramoderne mêlant architecture moderne et vinification traditionnelle, offre une expérience immersive, complétée par des visites guidées, des dégustations et une vue imprenable sur les vignobles. Une autre visite incontournable est le Castello di Brolio, un domaine historique où la famille Ricasoli produit du vin depuis des siècles. Ici, vous pourrez explorer les anciennes caves du château, découvrir l'histoire du Chianti et déguster les vins réputés du domaine.

Au cœur de la Toscane, la ville de Montalcino abrite le Brunello di Montalcino, un vin rouge prestigieux issu à 100 % de raisins Sangiovese. Le vin Brunello, connu pour sa complexité, sa richesse et son potentiel de garde, est l'un des vins les plus recherchés d'Italie. Une visite à Montalcino offre l'occasion d'explorer des vignobles historiques, comme Biondi Santi, où le Brunello a été créé pour la première fois, et de déguster ce vin exceptionnel dans son lieu d'origine. Les collines et l'architecture médiévale de Montalcino offrent une toile de fond pittoresque pour une expérience de dégustation de vin à la fois éducative et indulgente.

En se déplaçant vers le nord, dans le Piémont, autre puissance du monde du vin italien, on trouve les régions viticoles renommées du Barolo et du Barbaresco. Ces deux régions sont célèbres pour leurs vins rouges issus du cépage Nebbiolo, qui donnent des vins d'une profondeur, d'une structure et d'une longévité remarquables. Le Barolo, souvent appelé le « roi des vins », est un vin robuste et corsé aux saveurs de fruits noirs, de cuir et d'épices. Une visite dans la région du Barolo vous permet de visiter certains des vignobles les plus réputés, tels que Gaja et Marchesi di Barolo, où vous pourrez en apprendre davantage sur le processus de vinification et déguster différents millésimes de Barolo. La région voisine de Barbaresco produit des vins légèrement plus légers et plus accessibles que le Barolo, mais tout aussi complexes et élégants. Une visite des vignobles de Barbaresco, associée à des dégustations dans des établissements vinicoles comme Produttori del Barbaresco, offre une compréhension globale de la tradition viticole du Piémont.

La Vénétie, située au nord-est de l'Italie, est une autre région réputée pour sa production de vin, notamment de Prosecco et d'Amarone. Le Prosecco, vin mousseux issu du cépage Glera, est connu pour son caractère léger, fruité et rafraîchissant. La route des vins du Prosecco, connue sous le nom de Strada del Prosecco, serpente à travers les collines de Conegliano et Valdobbiadene, offrant des vues imprenables sur les vignobles et la possibilité de visiter certains des meilleurs producteurs de Prosecco, tels que Nino Franco et Bisol. En chemin, vous pourrez découvrir les méthodes de production du Prosecco, du vignoble à la bouteille, et profiter de dégustations de différents styles, du Brut à l'Extra Dry. Les vins mousseux de Vénétie sont parfaits pour ceux qui apprécient une boisson légère et effervescente qui s'accorde bien avec une variété de plats, de l'entrée au dessert.

Si le Prosecco offre une expérience vivante et rafraîchissante, la Vénétie abrite également l'Amarone della Valpolicella, un vin rouge riche et intense issu de raisins partiellement séchés. L'Amarone est connu pour ses saveurs profondes de fruits secs, de chocolat et d'épices, et est considéré comme l'un des vins les plus prestigieux d'Italie. La région de Valpolicella, située près de Vérone, est l'endroit où ce vin est élaboré avec soin et précision, souvent par des caves familiales qui produisent du vin depuis des générations. Une visite dans des caves telles qu'Allegrini ou Tommasi offre un aperçu approfondi du processus de vinification unique de l'Amarone, y compris le séchage des raisins, connu sous le nom d'appassimento, qui donne au vin ses saveurs concentrées. Déguster de l'Amarone au cœur de la Valpolicella, accompagné de spécialités locales comme des fromages affinés et des charcuteries, est une expérience qui capture l'essence de la tradition viticole italienne.

Au sud, la Sicile est devenue une région viticole remarquable, réputée de plus en plus pour produire des vins exceptionnels qui reflètent le terroir unique de l’île. Les sols volcaniques de l'Etna offrent un environnement idéal pour la culture du raisin, et les vins produits ici, en particulier ceux issus des raisins Nerello Mascalese et Carricante, sont célèbres pour leur élégance et leur complexité. Les vins de l'Etna se caractérisent par leur minéralité, leur fraîcheur et leur profondeur, avec des vins rouges offrant des notes de fruits rouges, d'herbes et d'épices, et des vins blancs affichant une acidité vive et des saveurs d'agrumes. Visiter des vignobles sur les pentes de l’Etna, tels que Planeta ou Tenuta delle Terre Nere, vous permet d’explorer l’interaction fascinante entre les forces naturelles du volcan et l’art de la vinification. Les vues imprenables sur les vignobles avec en toile de fond le volcan fumant ajoutent une touche dramatique à l'expérience de dégustation.

Au-delà des régions viticoles célèbres, l'Italie est parsemée de régions moins connues qui produisent des vins exceptionnels. La région des Marches, située le long de la côte Adriatique, est connue pour ses vins Verdicchio, qui sont des blancs croquants et aromatiques avec des notes de pomme verte, d'amande et d'agrumes. La ville perchée de Jesi est le cœur de la production de Verdicchio, et une visite des vignobles locaux, tels que Umani Ronchi, offre l'occasion de déguster ces vins rafraîchissants dans un cadre de vignobles vallonnés et de villages médiévaux. De même, la région des Abruzzes, nichée entre les montagnes des Apennins et la mer Adriatique, est de plus en plus reconnue pour ses vins de Montepulciano d'Abruzzo. Ces vins rouges robustes sont connus pour leur couleur profonde, leurs tanins souples et leurs saveurs de cerise noire, de prune et d'épices. Explorer les vignobles des Abruzzes, comme Masciarelli ou Emidio Pepe, est l'occasion de découvrir le patrimoine viticole de la région et de déguster des vins à la fois accessibles et complexes.

Cours de cuisine et visites gastronomiques

L'une des façons les plus immersives de découvrir la cuisine italienne consiste à participer à des cours de cuisine et à des visites gastronomiques qui vous permettent de vous connecter plus profondément aux traditions culinaires du pays. Les cours de cuisine en Italie offrent la possibilité d'apprendre auprès de chefs locaux passionnés par le partage de leurs connaissances et de leurs compétences, que vous souhaitiez maîtriser l'art de la fabrication des pâtes, perfectionner les saveurs d'une sauce italienne classique ou explorer les secrets de desserts traditionnels.

En Toscane, les cours de cuisine ont souvent lieu dans de charmantes fermes ou des villas historiques, où vous pourrez profiter d'un enseignement pratique dans un cadre détendu et pittoresque. Imaginez passer une journée à apprendre à préparer des Pappardelle avec du ragù de sanglier, à préparer des Cantucci (biscuits toscans aux amandes) ou à préparer votre propre Ribollita sous la direction d'un chef local. De nombreux cours commencent par une visite d'un marché local, où vous achèterez des ingrédients frais et découvrirez l'importance de la saisonnalité et de la qualité dans la cuisine italienne. Après avoir préparé votre repas, vous aurez le plaisir de vous asseoir pour déguster les fruits de votre travail, accompagnés de vins locaux et d'une vue imprenable sur la campagne toscane.

À Bologne, connue comme la capitale culinaire de l'Italie, les visites gastronomiques offrent une manière passionnante d'explorer la riche culture culinaire de la ville. Une visite guidée des marchés animés de Bologne, tels que le Mercato di Mezzo ou le Mercato delle Erbe, vous permet de déguster des spécialités locales comme la Mortadella, les Tortellini et le Parmigiano-Reggiano tout en découvrant leur histoire et leurs méthodes de production. De nombreuses visites incluent des visites de salumerias (épiceries fines) traditionnelles et de laboratoires de pâtes, où vous pourrez observer les artisans au travail et déguster des produits fraîchement préparés. Pour une expérience plus pratique, vous pouvez participer à un cours de fabrication de pâtes, où vous apprendrez à étaler la pâte à la main et à la façonner en délicats tortellinis ou en larges rubans de tagliatelles, comme le font les nonnas bolognaises depuis des générations.

À Naples, berceau de la pizza, un cours de fabrication de pizza est une expérience incontournable pour tous ceux qui aiment ce plat emblématique. Sous la direction d'un pizzaiolo expérimenté, vous apprendrez l'art de confectionner la pizza parfaite, du pétrissage de la pâte au choix des meilleures garnitures et à la maîtrise de la technique de cuisson au four à bois. Le résultat est une pizza croustillante et savoureuse que vous pouvez fièrement appeler la vôtre. De nombreux cours incluent également une visite dans une pizzeria locale, où vous pourrez déguster différents styles de pizza, de la classique Margherita à la riche Pizza Fritta (pizza frite), et découvrir l'histoire et la culture derrière ce plat bien-aimé.

Pour ceux qui souhaitent découvrir les saveurs de la Sicile, une visite gastronomique de Palerme offre un voyage fascinant à travers le patrimoine culinaire de l'île. La scène culinaire de rue de Palerme est légendaire et une visite guidée vous fera découvrir des marchés animés comme Ballarò et Vucciria, où vous pourrez déguster des spécialités locales telles que l'Arancini (boulettes de riz frites), la Panelle (beignets de pois chiches) et le Sfincione (une pizza épaisse et spongieuse). garni de tomates, d'oignons et d'anchois). La visite donne également un aperçu des influences culturelles qui ont façonné la cuisine sicilienne, des épices et friandises arabes aux contributions espagnoles et normandes qui rendent la cuisine de cette île si unique.

Meilleurs restaurants et plats de rue

Lorsqu'il s'agit de dîner en Italie, les choix sont aussi variés et diversifiés que les régions du pays. Des élégants restaurants étoilés Michelin aux modestes trattorias et stands de nourriture de rue animés, l'Italie offre une richesse d'expériences culinaires qui répondent à tous les palais et à toutes les préférences.

Pour ceux qui recherchent une expérience culinaire raffinée, les restaurants italiens étoilés Michelin offrent le summum de l'art culinaire. À Modène, l'Osteria Francescana, dirigée par le chef Massimo Bottura, a obtenu trois étoiles Michelin et est régulièrement classée parmi les meilleurs restaurants du monde. L'approche innovante de Bottura en matière de cuisine italienne, qui allie tradition et modernité, a fait de l'Osteria Francescana une destination incontournable pour les gourmands. Des plats comme Five Ages of Parmigiano Reggiano et Oops! I Dropped the Lemon Tart illustre le style ludique et créatif de Bottura, qui repousse les limites de la cuisine italienne tout en restant fidèle à ses racines.

À Rome, La Pergola offre une expérience culinaire inégalée avec une vue panoramique sur la ville. Ce restaurant trois étoiles Michelin, situé au sein de l'hôtel Rome Cavalieri Waldorf Astoria, est dirigé par le chef Heinz Beck, dont les plats sont un savant mélange de saveurs méditerranéennes et de techniques contemporaines. Les menus de dégustation de La Pergola présentent le meilleur des ingrédients italiens, des fruits de mer frais aux légumes de saison, le tout présenté avec une attention exquise aux détails. La vaste carte des vins du restaurant, qui compte plus de 60 000 bouteilles, garantit que chaque plat est parfaitement assorti pour un repas inoubliable.

Pour une expérience culinaire plus traditionnelle mais tout aussi mémorable, les trattorias et osterias italiennes offrent une atmosphère chaleureuse et accueillante où vous pourrez déguster une cuisine authentique et faite maison. À Florence, la Trattoria Mario est une institution bien-aimée connue pour ses copieux plats toscans, tels que la Bistecca alla

Fiorentina et la Pappa al Pomodoro. Le cadre sans fioritures, les tables communes et l'ambiance animée en font un favori des habitants et des visiteurs. À Naples, la Trattoria da Nennella est un endroit animé où vous pourrez savourer des plats napolitains classiques comme les Spaghetti alle Vongole et la Parmigiana di Melanzane. Le personnel énergique et l'ambiance décontractée du restaurant ajoutent au charme, ce qui en fait une visite incontournable pour tous ceux qui souhaitent découvrir le véritable esprit de Naples.

La scène culinaire de rue italienne est un autre élément essentiel de son paysage culinaire, offrant des options délicieuses et abordables, parfaites pour une bouchée rapide ou un repas décontracté. En Sicile, la cuisine de rue est un mode de vie, et aucune visite à Palerme ne serait complète sans essayer le Pane con la Milza (un sandwich rempli de rate sautée), l'Arancini et le Cannoli. Les marchés et les étals de rue de Palerme regorgent d'images, de sons et d'odeurs de la cuisine de rue sicilienne, créant une expérience autant culturelle que gastronomique.

À Rome, la cuisine de rue est synonyme de Supplì, des boulettes de riz frites remplies de ragù et de mozzarella, qui sont un en-cas populaire parmi les locaux. Un autre favori des Romains est le Trapizzino, une version moderne de la cuisine de rue traditionnelle qui combine de la pâte à pizza avec diverses garnitures.

Chapitre 6

Expériences culturelles et artistiques

L'Italie est un phare de richesse culturelle et de splendeur artistique, une nation où les échos de la Renaissance se répercutent à travers les siècles et où chaque coin du pays raconte une histoire chargée d'histoire, de créativité et de passion. Pour le voyageur désireux de s'immerger dans les expériences culturelles et artistiques qu'offre l'Italie, les merveilles ne manquent pas: des chefs-d'œuvre impressionnants de l'art et de l'architecture aux spectacles captivants de musique et d'opéra, en passant par le dynamisme des festivals, et le monde avant-gardiste de la mode et du design. L'Italie est un pays où la culture n'est pas seulement observée ; elle se vit et se respire au quotidien.

Points forts de l'art et de l'architecture

Le patrimoine artistique de l’Italie est sans précédent et ses villes et villages sont de véritables musées à ciel ouvert où l’on peut admirer certaines des plus grandes œuvres d’art et d’architecture occidentales. De la Renaissance au baroque, de l'Antiquité classique au design moderne, l'Italie est à la pointe de l'innovation artistique depuis des siècles. Les œuvres de génies comme Michel-Ange, Léonard de Vinci et Gian Lorenzo Bernini continuent de captiver et d'inspirer des millions de visiteurs chaque année.

A Florence, berceau de la Renaissance, l'art et l'architecture atteignent des sommets sublimes. La ville abrite une extraordinaire concentration de chefs-d'œuvre, dont beaucoup sont conservés dans la Galerie des Offices, l'un des musées d'art les plus importants au monde. Ici, les visiteurs peuvent s'émerveiller devant « La Naissance de Vénus » et « Primavera » de Botticelli, qui illustrent tous deux la beauté délicate et les proportions harmonieuses qui définissent l'art de la Renaissance. L'Annonciation de Léonard de Vinci est un autre moment fort, mettant en valeur sa maîtrise de la perspective et de l'anatomie humaine. La galerie abrite également des œuvres de Michel-Ange, Raphaël et Titien, ce qui en fait une étape incontournable pour tout amateur d'art.

Au-delà des Offices, les trésors artistiques de Florence s'étendent dans les rues et sur les places de la ville. La cathédrale de Florence (Santa Maria del Fiore), avec son dôme emblématique conçu par Filippo Brunelleschi, est une merveille d'ingénierie et un symbole des prouesses architecturales de la ville. Grimper au sommet du dôme offre une vue imprenable sur Florence et la campagne toscane environnante, ainsi qu'un aperçu rapproché des fresques complexes du dôme réalisées par Giorgio Vasari. L'extérieur de la cathédrale, orné de marbre rose, vert et blanc, est un chef-d'œuvre de l'architecture gothique, tandis que l'intérieur abrite des œuvres importantes telles que la Pietà de Michel-Ange et les tribunes du chœur de Luca della Robbia.

La Galleria dell'Accademia de Florence abrite le "David" de Michel-Ange, peut-être la sculpture la plus célèbre au monde. Sculptée dans un seul bloc de marbre, la statue de 17 pieds de haut représente le héros biblique David, en équilibre avant son combat contre Goliath. Le David de Michel-Ange est célèbre non seulement pour sa grandeur et sa perfection technique, mais aussi pour son incarnation de l'idéal de la Renaissance de la forme humaine en tant que vaisseau de beauté et de puissance divines. La pose dynamique de la statue, ses détails musculaires et son expression intense en font une représentation captivante de la force et du courage humains.

Rome, la Ville éternelle, est un autre trésor d'art et d'architecture, où les monuments antiques cohabitent avec les chefs-d'œuvre de la Renaissance et du baroque. Les musées du Vatican abritent une collection d'œuvres d'art sans précédent, notamment le plafond de la chapelle Sixtine de Michel-Ange, largement considéré comme l'une des plus grandes réalisations de l'art occidental. Le plafond, peint entre 1508 et 1512, représente des scènes du livre de la Genèse, notamment l'emblématique « Création d'Adam », dans laquelle Dieu et les mains tendues d'Adam se touchent presque. Les fresques sont célèbres pour leur utilisation dramatique de la couleur, leur composition et la représentation du corps humain dans des poses dynamiques et expressives. Le Jugement dernier, que Michel-Ange a peint sur le mur de l'autel de la chapelle Sixtine près de 25 ans plus tard, est une autre œuvre monumentale qui capture la puissance et la complexité de sa vision artistique.

La basilique Saint-Pierre, située dans la Cité du Vatican, est un chef-d'œuvre architectural et artistique à part entière. Le grand dôme de la basilique, conçu par Michel-Ange, domine l'horizon de Rome et sert de symbole de l'influence durable de l'Église catholique. À l'intérieur de la basilique, les visiteurs peuvent admirer le Baldaquin du Bernin, un dais monumental en bronze qui se dresse au-dessus de l'autel papal, et la Pietà de Michel-Ange, une sculpture émouvante de la Vierge Marie berçant le corps du Christ. Le vaste intérieur de la basilique, avec ses colonnes vertigineuses, ses mosaïques complexes et ses chapelles richement décorées, témoigne de l'ambition artistique et architecturale de la Renaissance.

À Rome, le Panthéon est une autre merveille de l'architecture ancienne qui a inspiré d'innombrables générations d'architectes et d'artistes. Construit à l'origine comme temple de tous les dieux, le Panthéon est réputé pour son toit en forme de dôme massif, qui reste le plus grand dôme en béton non armé du monde. L'oculus au centre du dôme permet à la lumière naturelle d'inonder l'intérieur, créant une atmosphère céleste qui captive les visiteurs depuis près de deux millénaires. Les proportions parfaites et la conception harmonieuse du bâtiment reflètent la maîtrise de l'ingénierie des Romains et leur respect pour le divin.

La période baroque en Italie a vu l'essor d'artistes comme Gian Lorenzo Bernini, dont les œuvres se trouvent partout à Rome. Les sculptures et les conceptions architecturales du Bernin se caractérisent par leur mouvement dynamique, leur intensité émotionnelle et leur utilisation dramatique de la lumière et de l'ombre. Ses œuvres les plus célèbres incluent « L'Extase de Sainte Thérèse », située dans la chapelle Cornaro de Santa Maria della Vittoria, et la Fontaine des Quatre Fleuves sur la Piazza Navona. La capacité du Bernin à transmettre une émotion intense et une ferveur spirituelle à travers le marbre a fait de lui l'un des artistes les plus célèbres de son temps, et ses œuvres continuent d'être admirées pour leur génie technique et leur puissance expressive.

À Venise, l'art et l'architecture reflètent l'histoire unique de la ville en tant que carrefour de cultures. Le Palais des Doges est un exemple étonnant de l'architecture gothique vénitienne, avec sa façade complexe de marbre rose et blanc et ses intérieurs richement décorés. Le palais, qui servait de résidence du Doge et de siège du gouvernement, est un symbole de la richesse et de la puissance de

Venise à la Renaissance. À l'intérieur, les visiteurs peuvent admirer des œuvres du Tintoret, de Véronèse et du Titien, dont les peintures représentent des scènes de l'histoire et de la mythologie vénitiennes.

La basilique Saint-Marc, située au cœur de Venise, est un autre joyau architectural et artistique. L'intérieur opulent de la basilique est orné de mosaïques chatoyantes représentant des scènes de la vie du Christ et de la Vierge Marie, ainsi que de motifs et de symboles complexes qui reflètent le lien de Venise avec le monde byzantin. La conception de la basilique, avec ses dômes, ses arches et sa décoration élaborée, témoigne du statut de la ville en tant que centre commercial et culturel, où l'Orient rencontre l'Occident.

Musique, opéra et arts du spectacle

Les contributions de l'Italie au monde de la musique et de l'opéra sont aussi importantes que ses réalisations dans les domaines de l'art et de l'architecture. Le pays est le berceau de l'opéra, une forme de représentation théâtrale qui combine musique, théâtre et danse, et a produit certains des compositeurs et interprètes les plus célèbres de l'histoire de la musique. Assister à un opéra ou à un concert en Italie n'est pas seulement l'occasion d'entendre de la belle musique ; c'est une expérience culturelle qui vous relie à des siècles de tradition et d'excellence artistique.

La Scala de Milan est l'un des opéras les plus prestigieux au monde, réputé pour son acoustique exceptionnelle et son rôle dans le développement de l'opéra italien. Depuis son ouverture en 1778, La Scala a accueilli les premières de plusieurs des œuvres les plus importantes du répertoire lyrique, notamment « Otello » de Verdi et « Madame Butterfly » de Puccini. La riche histoire de l'opéra et son association avec des artistes légendaires comme Luciano Pavarotti et Maria Callas en font une visite incontournable pour tout amateur de musique classique. Assister à un spectacle à La Scala est une expérience inoubliable, où la grandeur du décor et la puissance de la musique se combinent pour créer une atmosphère véritablement magique.

À Naples, le Teatro di San Carlo est le plus ancien opéra au monde en activité continue, ayant ouvert ses portes en 1737. Le design opulent du théâtre, avec ses intérieurs dorés et rouges, ses lustres en cristal et ses fresques élaborées au plafond, reflète la grandeur de la monarchie des Bourbons qui en commanda la construction. La scène de San Carlo a vu les premières de nombreuses œuvres célèbres, notamment "Le Barbier de Séville" de Rossini et "Lucia di Lammermoor" de Donizetti. La riche histoire du théâtre et son engagement continu en faveur de l'excellence de l'opéra en font un point de repère culturel dans la ville de Naples.

Au-delà de l'opéra, les contributions de l'Italie à la musique classique sont immenses, des compositeurs comme Vivaldi, Corelli et Paganini laissant une marque indélébile sur le développement de la musique occidentale. À Venise, l'église de San Vidal accueille régulièrement des représentations des « Quatre Saisons » de Vivaldi, une série de concertos pour violon qui comptent parmi les œuvres les plus célèbres et les plus fréquemment jouées du répertoire classique. Entendre la musique de Vivaldi interprétée dans sa ville natale, dans le cadre intime et atmosphérique d'une église historique, est une expérience vraiment particulière qui donne vie au génie du compositeur.

La scène italienne des arts du spectacle ne se limite pas à la musique classique et à l'opéra ; le pays possède également une tradition dynamique de théâtre, de danse et de musique contemporaine. À Rome, le Teatro dell'Opera propose un programme varié d'opéras, de ballets et de concerts symphoniques, avec des performances allant des œuvres classiques aux interprétations modernes. La saison estivale du théâtre dans les anciens thermes de Caracalla est un moment fort, où des spectacles en plein air sur fond d'anciennes ruines romaines créent une expérience culturelle véritablement immersive. La combinaison de l'histoire, de l'architecture et de la musique sous le ciel nocturne fait de ces spectacles une partie unique et inoubliable du calendrier culturel de Rome.

À Vérone, les Arènes de Vérone accueillent l'un des festivals d'opéra les plus célèbres au monde. Cet ancien amphithéâtre romain, qui remonte au premier siècle après JC, se transforme chaque été en une scène spectaculaire pour de grands spectacles d'opéra. Le Festival d'opéra de Vérone attire les amateurs d'opéra du monde entier, qui viennent assister à des productions de classiques comme Aida, Carmen et Nabucco dans un cadre extraordinaire. L'arène en plein air, avec sa vaste capacité d'accueil et son excellente acoustique, crée une atmosphère à la fois intime et grandiose, permettant au public de s'immerger pleinement dans le drame et l'émotion des représentations.

Les festivals et événements traditionnels italiens offrent également une occasion unique de découvrir le riche patrimoine culturel du pays à travers la musique et les spectacles. Le Carnevale de Venise, l'un des festivals les plus célèbres d'Italie, est une célébration de la musique, de la mascarade et de la théâtralité. Le festival, qui remonte au XIIe siècle, remplit les rues et les canaux de Venise de costumes élaborés, de bals masqués et de spectacles live. Le point culminant du Carnevale est le Volo dell'Angelo (Vol de l'Ange), où un artiste costumé descend du clocher de la basilique Saint-Marc, symbolisant l'ouverture des festivités. La musique, l'apparat et la beauté intemporelle de Venise pendant le Carnaval créent une atmosphère enchanteresse qui transporte les visiteurs dans une époque révolue.

Festivals et événements traditionnels

Le calendrier culturel italien est riche en festivals et événements traditionnels qui offrent une plongée profonde dans l’histoire, la religion et les coutumes locales du pays. Ces célébrations ne sont pas seulement des spectacles à observer : ce sont des traditions vivantes qui impliquent des communautés entières et offrent aux voyageurs la possibilité de s'immerger de manière significative dans la culture italienne.

L'un des festivals les plus célèbres et les plus animés est le Palio di Siena, une course hippique historique qui a lieu deux fois par an, le 2 juillet et le 16 août, dans la ville toscane de Sienne. La course se déroule sur la Piazza del Campo, une magnifique place médiévale qui devient une grande scène pour cet événement intense et férocement compétitif. Le Palio est plus qu'une simple course ; c'est un symbole de fierté locale et de rivalité entre les contrade (districts) de Sienne, dont chacun parraine un cheval et un cavalier. La préparation du Palio commence des mois à l'avance, chaque contrada organisant ses propres fêtes, défilés et bénédictions. La course elle-même, qui ne dure qu'environ 90 secondes, est une démonstration époustouflante de vitesse, d'habileté et de courage. L'atmosphère à Sienne pendant le Palio est électrique, avec toute la ville participant aux festivités, ce qui en fait une expérience inoubliable pour les visiteurs.

À Venise, La Festa del Redentore est un autre événement majeur qui allie tradition religieuse et célébration spectaculaire. Organisé le troisième week-end de juillet, le festival commémore la fin d'une épidémie dévastatrice au XVIe siècle. Le point culminant du Redentore est le superbe feu d'artifice sur la lagune vénitienne, qui illumine le ciel et se reflète sur l'eau, créant une scène magique. Les Vénitiens et les visiteurs se rassemblent sur les bateaux et le long des canaux pour assister aux feux d'artifice, précédés d'une grande procession jusqu'à l'église du Rédempteur sur l'île de la Giudecca. Le festival propose également une soirée de fête et de musique, avec des tables installées le long du front de mer pour un dîner communautaire célébrant la résilience et l'esprit communautaire de la ville.

En Sicile, la Festa di Sant'Agata de Catane est l'une des fêtes religieuses les plus grandes et les plus importantes d'Italie. Organisée début février, la fête rend hommage à sainte Agathe, patronne de Catane, avec trois jours de processions, de prières et de célébrations. Le festival attire des centaines de milliers de personnes qui participent au transport de la statue de Sant'Agata dans les rues de la ville, accompagnées de musique, de feux d'artifice et de chants d'hymnes. L'événement est une puissante expression de foi et de dévotion, profondément enracinée dans la culture et l'histoire siciliennes.

Un autre événement important est le Festival d'Opéra de Vérone, qui a lieu chaque année dans les Arènes de Vérone. Ce festival rassemble des passionnés d'opéra du monde entier pour assister à des représentations de certaines des œuvres les plus appréciées du canon de l'opéra. Le festival, qui a lieu pendant les mois d'été, transforme l'ancien amphithéâtre romain en une grande scène où des productions d'Aida, La Traviata et d'autres classiques sont interprétées avec des orchestres complets, des chœurs et des décors élaborés. L'atmosphère unique des Arènes, combinée à la qualité des représentations, fait du Festival d'Opéra de Vérone un événement incontournable pour tous ceux qui souhaitent découvrir la tradition lyrique italienne à son meilleur.

Mode et design

L'influence de l'Italie sur la mode et le design mondiaux est profonde et durable, avec des villes comme Milan, Florence et Rome servant d'épicentres de créativité et d'innovation. La mode italienne est synonyme d'élégance, de savoir-faire et de luxe, et les créateurs du pays sont célébrés pour leur capacité à allier tradition et modernité, créant des pièces intemporelles convoitées dans le monde entier.

Milan, connue comme la capitale de la mode en Italie, abrite certaines des maisons de mode et des créateurs les plus prestigieux, notamment Giorgio Armani, Versace, Dolce & Gabbana et Prada. Le Quadrilatero della Moda, ou Quadrilatère de la Mode, est un quartier qui comprend quatre des rues les plus célèbres de Milan : Via Montenapoleone, Via della Spiga, Corso Venezia et Via Sant'Andrea. Ce quartier est le paradis du shopping, où les magasins phares et les boutiques présentent les dernières collections des plus grands designers italiens et internationaux. La scène de la mode milanaise ne se limite pas au shopping haut de gamme ; il comprend également des événements majeurs comme la Fashion Week de Milan, qui attire des créateurs, des mannequins et des passionnés de mode du monde entier pour découvrir les dernières tendances et innovations de la mode.

Florence, bien que connue principalement pour son art et son architecture de la Renaissance, occupe également une place importante dans le monde de la mode et du design. La ville abrite Gucci et Salvatore Ferragamo, deux marques emblématiques qui trouvent leurs racines dans l'artisanat florentin. Le Gucci Garden, situé dans l'historique Palazzo della Mercanzia, est un musée et une boutique qui offre une expérience unique aux amateurs de mode, mettant en valeur l'histoire et l'évolution de la marque tout en présentant des collections exclusives. Florence accueille également Pitti Immagine, une série d'événements de mode qui ont lieu tout au long de l'année, parmi lesquels Pitti Uomo, l'un des salons de mode masculine les plus importants au monde. Ces événements mettent en valeur le rôle de Florence en tant que pôle de créativité et d'innovation dans la mode, attirant créateurs, acheteurs et journalistes dans la ville.

Rome, avec son mélange d'histoire ancienne et de glamour moderne, est un autre centre important de la mode italienne. La scène de la mode de la ville se caractérise par un mélange de haute couture et de prêt-à-porter, avec des créateurs comme Valentino, Fendi et Bulgari qui ont élu domicile à Rome. La Via Condotti, près de la Place d'Espagne, est la principale rue commerçante de Rome, bordée de boutiques de luxe et de magasins phares. L'influence de Rome sur la mode s'étend au-delà des vêtements et des accessoires ; la ville est également leader dans la conception et la production de bijoux haut de gamme, avec des marques comme Bulgari créant des pièces réputées pour leur savoir-faire et leur élégance.

La mode italienne n'est pas seulement une question de luxe ; il est également profondément lié à la tradition artisanale et à la production artisanale du pays. Dans toute l'Italie, vous trouverez des ateliers et des ateliers où des artisans qualifiés créent de tout, de la maroquinerie aux costumes sur mesure, en utilisant des techniques transmises de génération en génération. À Florence, le quartier de l'Oltrarno est connu pour ses ateliers d'artisans, où vous pourrez observer les artisans au travail et acheter des articles faits à la main qui reflètent le riche héritage de la ville en matière de travail du cuir, de fabrication de bijoux et de couture. De même, à Naples, la tradition de la couture sur mesure est bien vivante, avec des maîtres tailleurs créant des costumes sur mesure recherchés par les connaisseurs de mode du monde entier.

Le design italien s'étend au-delà de la mode pour englober un large éventail de domaines, notamment le mobilier, le design automobile et l'architecture. Le Salon du meuble de Milan (Salone del Mobile), qui se tient chaque année en avril, est l'événement le plus important dans le monde du design d'intérieur, présentant les dernières tendances et innovations en matière de mobilier et de décoration d'intérieur. Le salon attire des designers, des architectes et des acheteurs du monde entier, venus découvrir les conceptions et technologies de pointe qui façonneront l'avenir des espaces de vie. Le design italien se caractérise par son mélange de forme et de fonction, en mettant l'accent sur des lignes épurées, des matériaux de haute qualité et une attention aux détails. Des marques comme Kartell, Poltrona Frau et Alessi sont leaders dans le domaine, créant des produits non seulement beaux mais aussi pratiques et durables.

Dans le monde du design automobile, l’Italie est synonyme de vitesse, de style et d’innovation. Des marques comme Ferrari, Lamborghini, Maserati et Alfa Romeo sont célèbres pour leur capacité à combiner l'excellence de l'ingénierie avec un design à couper le souffle. Le musée Ferrari de Maranello et le musée Lamborghini de Sant'Agata Bolognese offrent aux visiteurs la possibilité de voir certaines des voitures les plus emblématiques jamais fabriquées, ainsi que d'en apprendre davantage sur l'histoire et la technologie derrière ces véhicules légendaires. Le design de ces voitures, avec leurs lignes épurées, leurs moteurs puissants et leurs intérieurs luxueux, reflète la passion italienne pour la performance et la beauté.

En conclusion, l'Italie offre une gamme infinie d'expériences culturelles et artistiques qui laisseront une impression durable à tout voyageur. De l'art et de l'architecture impressionnants de la Renaissance aux spectacles de musique et d'opéra de renommée mondiale, des festivals dynamiques célébrant les traditions locales au monde avant-gardiste de la mode et du design, l'Italie reste la destination à explorer.

Chapitre 7

Aventures en plein air

L'Italie est un pays réputé pour sa riche histoire, sa culture dynamique et sa cuisine exquise, mais il offre également une multitude d'aventures en plein air qui invitent les voyageurs désireux d'explorer ses paysages époustouflants. Des sommets escarpés des Dolomites aux plages ensoleillées de la côte amalfitaine, la géographie diversifiée de l'Italie offre des possibilités infinies aux amateurs de plein air. Que vous soyez un randonneur chevronné, un amoureux de la plage ou un skieur passionné, l'Italie a quelque chose à offrir. Dans ce chapitre, nous explorerons les meilleurs sentiers de randonnée, plages, stations de ski et parcs nationaux, vous guidant à travers les meilleures destinations de plein air d'Italie.

Sentiers de randonnée et de nature

Les paysages variés de l'Italie sont un paradis pour les randonneurs, offrant des sentiers allant de douces promenades côtières à des randonnées en montagne difficiles. Chaque région présente son propre paysage unique, des collines de la Toscane aux falaises spectaculaires des Cinque Terre et aux majestueux sommets des Dolomites. La randonnée en Italie vous permet de renouer avec la nature tout en découvrant le riche patrimoine culturel et historique du pays.

Les Cinque Terre, situées sur la côte ligure, sont l'une des destinations de randonnée les plus emblématiques d'Italie. Ce site classé au patrimoine mondial de l'UNESCO se compose de cinq villages pittoresques : Monterosso al Mare, Vernazza, Corniglia, Manarola et Riomaggiore, perchés sur des falaises abruptes surplombant la mer Méditerranée. Les sentiers de randonnée qui relient ces villages offrent des vues imprenables sur le littoral, les vignobles en terrasses et les jardins animés. Le sentier le plus célèbre est le Sentiero Azzurro (Chemin Bleu), une randonnée relativement facile qui vous emmène de Riomaggiore à Monterosso al Mare. Le sentier fait environ 12 kilomètres de long et peut être parcouru en cinq heures environ, bien que de nombreux randonneurs choisissent de prendre leur temps, s'arrêtant pour explorer les villages le long du chemin. La meilleure période pour faire une randonnée dans les Cinque Terre est au printemps ou à l'automne, lorsque le temps est doux et que les foules sont moins nombreuses. En été, les sentiers peuvent être bondés et la chaleur intense, ce qui rend la randonnée plus difficile.

Pour ceux qui recherchent une randonnée plus exigeante, les Dolomites offrent certains des paysages montagneux les plus spectaculaires d'Europe. Situées dans la partie nord de l'Italie, les Dolomites sont un site du patrimoine mondial de l'UNESCO connu pour leurs sommets spectaculaires, leurs vallées profondes et leurs formations calcaires uniques. La région offre un large éventail de sentiers de randonnée, des courtes promenades aux randonnées de plusieurs jours. L'une des randonnées les plus populaires est l'Alta Via 1, un sentier longue distance qui s'étend sur environ 120 kilomètres du Lago di Braies à Belluno.

Ce sentier vous emmène à travers certains des paysages les plus époustouflants des Dolomites, notamment des sommets déchiquetés, des prairies alpines et des lacs aux eaux cristallines. La randonnée dure généralement environ 10 jours, avec des nuitées dans des refuges de montagne en cours de route. Il est préférable de parcourir le sentier pendant les mois d'été, de juin à septembre, lorsque le temps est chaud et que les refuges de montagne sont ouverts.

Une autre destination de randonnée exceptionnelle est la Voie Appienne (Via Appia), l'une des voies romaines les plus anciennes et les plus importantes. Cette ancienne route reliait autrefois Rome aux régions du sud de l'Italie et est chargée d'histoire. Marcher le long de la Voie Appienne vous permet de remonter le temps et d'explorer les vestiges de l'ancienne civilisation romaine, notamment les ruines, les tombeaux et les aqueducs. Le sentier commence à la Porta San Sebastiano à Rome et s'étend sur plus de 500 kilomètres jusqu'à la ville portuaire de Brindisi. Bien que peu de randonneurs parcourent l'intégralité du parcours, la section de Rome à Cecilia Metella est particulièrement populaire, offrant une promenade pittoresque et historique d'une durée d'environ deux heures. La meilleure période pour parcourir la Voie Appienne est le printemps ou l'automne, lorsque le temps est agréable et que le chemin est moins fréquenté.

En Toscane, la Via Francigena offre une expérience de randonnée unique alliant beauté naturelle et importance historique. Cette ancienne route de pèlerinage s'étend de Canterbury en Angleterre jusqu'à Rome, en passant par certains des plus beaux paysages de Toscane. La section toscane de la Via Francigena vous emmène à travers des collines, des vignobles, des oliveraies et des villes médiévales, offrant un voyage paisible et pittoresque. Le sentier est bien balisé et peut être divisé en segments plus courts, le rendant accessible aux randonneurs de tous niveaux. Les points forts du parcours incluent les villes de San Gimignano, Monteriggioni et Sienne, chacune offrant son charme et son histoire uniques. La meilleure période pour parcourir la Via Francigena s'étend d'avril à octobre, lorsque le temps est chaud et que la campagne est en pleine floraison.

Pour ceux qui préfèrent les randonnées côtières, le Sentier des Dieux (Sentiero degli Dei) sur la côte amalfitaine est un incontournable. Ce sentier offre des vues parmi les plus époustouflantes sur la Méditerranée et les montagnes environnantes. La randonnée commence dans le village de Bomerano et se termine à Nocelle, près de Positano. Le sentier fait environ 7 kilomètres de long et dure environ trois heures. En chemin, vous traverserez des vignobles en terrasses, des citronniers et d'anciennes maisons en pierre, offrant une vue panoramique sur la côte amalfitaine et l'île de Capri. Il est préférable de parcourir le Sentier des Dieux au printemps ou à l'automne, lorsque le temps est doux et le ciel dégagé.

Plages et sports nautiques

Le vaste littoral italien offre certaines des plus belles plages de la Méditerranée, avec des eaux cristallines, du sable doré et des falaises spectaculaires. Que vous recherchiez une journée de détente au soleil, une séance exaltante de planche à voile ou une excursion pittoresque en bateau, les plages italiennes ont quelque chose à offrir à tout le monde.

La côte amalfitaine est l'une des destinations côtières les plus célèbres d'Italie, connue pour ses paysages époustouflants, ses charmantes villes et ses eaux turquoise. Le littoral est parsemé de petites plages et criques, dont beaucoup sont accessibles uniquement par bateau ou à pied. Marina Grande à

Positano est l'une des plages les plus populaires de la côte amalfitaine, offrant une atmosphère animée, des transats et des bars de plage. Pour une expérience plus isolée, la plage de Fornillo, située à quelques pas de Marina Grande, est une option plus calme avec une ambiance plus décontractée. La côte amalfitaine est également une destination idéale pour les sports nautiques, notamment le kayak, la plongée en apnée et la plongée sous-marine. Les eaux claires et la diversité de la vie marine en font un endroit idéal pour explorer le monde sous-marin.

La Sardaigne, la deuxième plus grande île de la Méditerranée, abrite certaines des plages les plus immaculées d'Italie. Le littoral de l’île est célèbre pour ses plages de sable blanc, ses eaux cristallines et ses falaises escarpées. La Costa Smeralda, située sur la côte nord-est de la Sardaigne, est l'une des régions les plus exclusives et les plus belles de l'île. Les plages ici, comme Spiaggia del Principe et Liscia Ruja, sont connues pour leur sable fin et leurs eaux vert émeraude. La Costa Smeralda est également une destination populaire pour la voile et le yachting, avec de nombreuses marinas et yacht clubs de luxe. Pour ceux qui s'intéressent au windsurf et au kitesurf, la plage de La Cinta à San Teodoro est l'un des meilleurs spots de Sardaigne, offrant des vents constants et des conditions idéales pour ces sports.

En Sicile, les plages sont aussi diverses que les paysages de l'île. San Vito Lo Capo, située sur la côte nord-ouest, est l'une des plus belles plages de Sicile, avec son sable fin et blanc et ses eaux turquoise. La plage est adossée aux falaises spectaculaires du Monte Monaco, créant un décor naturel époustouflant. San Vito Lo Capo est également un endroit idéal pour la plongée en apnée et sous-marine, avec une riche vie marine et des grottes sous-marines à explorer. Sur la côte sud de la Sicile, Scala dei Turchi est une plage unique connue pour ses impressionnantes falaises de calcaire blanc qui s'élèvent de la mer. Les falaises, façonnées par le vent et les vagues, forment des terrasses naturelles idéales pour bronzer et admirer la vue. La plage elle-même est sablonneuse et peu profonde, ce qui la rend idéale pour nager et se détendre.

La Calabre, située à l'extrême sud du continent italien, est une autre région dotée de superbes plages et d'eaux cristallines. Tropea, souvent appelée la « Perle de la mer Tyrrhénienne », est l'une des plages les plus célèbres de Calabre. La plage a pour toile de fond les falaises et la ville historique de Tropea, avec ses charmantes rues et sa belle architecture. Les eaux ici sont calmes et claires, ce qui en fait un endroit parfait pour la baignade et la plongée en apnée. Pour ceux qui recherchent plus d’aventure, le littoral calabrais offre d’excellentes opportunités pour la planche à voile, la voile et la plongée.

Les îles Éoliennes, un archipel volcanique au large de la côte nord de la Sicile, sont une autre destination prisée des amoureux de la plage et des sports nautiques. Les îles, qui comprennent Lipari, Vulcano, Stromboli et Salina, offrent un mélange de plages de sable fin, de criques rocheuses et de bains thermaux. Spiaggia Bianca à Lipari est l'une des plus belles plages des îles Éoliennes, connue pour ses pierres ponces blanches et ses eaux bleu clair. Les îles sont également une excellente destination pour la plongée, avec de nombreux sites de plongée offrant la possibilité d'explorer des grottes sous-marines, des épaves et des formations volcaniques.

Stations de ski et sports d'hiver

L'Italie est une destination de choix pour les sports d'hiver, avec certaines des meilleures stations de ski d'Europe situées dans les Alpes et les Dolomites. Les divers domaines skiables du pays offrent quelque chose pour tout le monde, des pistes douces pour les débutants aux pistes difficiles pour les skieurs et planchistes avancés. En plus du ski et du snowboard, les stations d'hiver italiennes proposent également une gamme d'activités après-ski, notamment des soins de spa, une cuisine raffinée et une vie nocturne animée.

Les Dolomites, avec leurs sommets spectaculaires et leurs vastes domaines skiables, sont l'une des principales destinations italiennes pour les sports d'hiver. Le domaine Dolomiti Superski, l'un des plus grands réseaux de ski au monde, comprend 12 stations de ski et plus de 1 200 kilomètres de pistes, offrant des possibilités infinies aux skieurs et snowboarders de tous niveaux. Le domaine Dolomiti Superski comprend des stations populaires telles que Cortina d'Ampezzo, Val Gardena, Alta Badia et Arabba, chacune offrant son propre charme et son expérience de ski uniques.

Cortina d'Ampezzo, souvent surnommée la « Reine des Dolomites », est l'une des stations de ski les plus glamour d'Italie. Connue pour ses paysages époustouflants, son atmosphère chic et ses pistes de ski de classe mondiale, Cortina est une destination privilégiée de la jet set internationale depuis les années 1950. La station propose une large gamme de pistes de ski, des pistes douces pour les débutants aux pistes noires difficiles pour les experts. En plus du ski, Cortina est également célèbre pour sa scène après-ski, avec une variété de restaurants, bars et boutiques haut de gamme. La ville elle-même est charmante, avec un mélange d'architecture alpine traditionnelle et de luxe moderne. Cortina est également une destination idéale pour les non-skieurs, proposant des activités telles que la raquette, le patinage sur glace et le shopping. La meilleure période pour visiter Cortina est de décembre à mars, lorsque les conditions d'enneigement sont optimales et que la ville regorge d'activité.

Val Gardena, située au cœur des Dolomites, est une autre destination prisée des amateurs de sports d'hiver. La station fait partie de la Sella Ronda, une route de ski circulaire qui relie quatre vallées et offre une expérience de ski unique. La Sella Ronda convient aux skieurs intermédiaires et avancés, avec un mélange de pistes rouges et noires qui vous feront traverser certains des paysages les plus époustouflants des Dolomites. Val Gardena abrite également Saslong, l'une des pistes de ski alpin les plus célèbres au monde, qui accueille chaque année une course de Coupe du monde. Le complexe propose une variété d'hébergements, des hôtels de luxe aux chalets confortables, ainsi qu'une gamme d'options de restauration mettant en valeur la cuisine ladine locale. En plus du ski, Val Gardena propose des activités telles que la raquette, la luge et l'escalade sur glace.

Pour ceux qui recherchent une expérience de ski plus intime et traditionnelle, Alta Badia est un excellent choix. Cette station est connue pour son atmosphère familiale, ses pistes bien entretenues et sa vue imprenable sur les sommets environnants des Dolomites. Alta Badia fait partie du domaine Dolomiti Superski et propose une variété de pistes pour tous les niveaux, du débutant à l'expert. La station est également célèbre pour sa cuisine gastronomique, avec plusieurs refuges de montagne proposant des expériences gastronomiques raffinées combinant des plats traditionnels ladins et des techniques culinaires modernes. Alta Badia est une destination idéale pour ceux qui cherchent à combiner le ski avec une expérience alpine détendue et authentique.

Outre les Dolomites, les Alpes italiennes abritent certaines des stations de ski les plus célèbres et prestigieuses au monde. Cervinia, située sur le versant italien du Cervin, offre certaines des pistes de ski les plus hautes et les plus longues d'Europe, avec une vue imprenable sur la montagne emblématique. La station est reliée à Zermatt en Suisse, permettant aux skieurs de découvrir deux pays en un seul voyage. Cervinia est connue pour ses excellentes conditions d'enneigement, même tard dans la saison, et offre une variété de pistes pour tous les niveaux. La station dispose également d'une scène après-ski animée, avec une gamme de bars et de restaurants proposant de tout, des repas décontractés aux repas gastronomiques.

Courmayeur, située sur le versant italien du Mont Blanc, est une autre destination prisée pour les sports d'hiver dans les Alpes. La station est connue pour son terrain hors-piste difficile, ce qui en fait un favori parmi les skieurs et snowboarders avancés. Courmayeur offre un mélange de charme alpin traditionnel et de luxe moderne, avec une variété d'hébergements, de restaurants et d'activités après-ski. La ville elle-même est pittoresque, avec ses rues pavées, ses boutiques et ses cafés chaleureux. Courmayeur est également une base idéale pour explorer le massif du Mont Blanc, avec des activités telles que l'héliski, la raquette et l'escalade sur glace disponibles pour les voyageurs aventureux.

Pour ceux qui recherchent une expérience de ski plus décontractée et familiale, Livigno est un excellent choix. Située près de la frontière suisse, Livigno propose un large choix de pistes pour tous les niveaux, ainsi qu'une variété d'activités hors-piste comme le snowboard, le ski de fond et la raquette. La station est également connue pour ses boutiques hors taxes, avec une variété de magasins proposant de tout, des vêtements aux appareils électroniques, à des prix hors taxes. La scène après-ski de Livigno est animée, avec une gamme de bars, restaurants et discothèques proposant des divertissements pour tous les âges. La station propose également une variété d'activités familiales, telles que le patinage sur glace, la luge et les promenades en traîneau tiré par des chevaux.

Explorer les parcs nationaux

Les parcs nationaux italiens offrent certains des paysages naturels les plus diversifiés et les plus préservés d'Europe, allant des sommets alpins et glaciers aux forêts denses, collines et zones humides côtières. Ces zones protégées sont un refuge pour la faune et offrent un large éventail d'activités de plein air, notamment la randonnée, l'observation de la faune et la photographie de la nature.

Le parc national du Grand Paradis, situé dans les Alpes occidentales, est le plus ancien parc national d'Italie et l'un des plus beaux. Le parc doit son nom au Grand Paradis, le plus haut sommet d'Italie, et abrite une faune diversifiée, notamment des bouquetins, des chamois, des marmottes et des aigles royaux. Le parc national du Grand Paradis offre une variété de sentiers de randonnée, allant des promenades faciles à travers les prairies alpines aux ascensions difficiles jusqu'au sommet du Grand Paradis. Le parc est également une destination idéale pour observer la faune, en particulier au printemps et en été, lorsque les animaux sont les plus actifs. La meilleure période pour visiter le Grand Paradis est de juin à septembre, lorsque le temps est doux et que les sentiers sont accessibles.

Le parc national des Abruzzes, du Latium et du Molise est un autre joyau du système de parcs nationaux italien, connu pour ses montagnes escarpées, ses forêts denses et sa riche biodiversité. Le parc abrite plusieurs espèces rares et menacées, notamment l'ours brun marsicain, le loup des Apennins et le chamois des Abruzzes. La randonnée dans le parc national des Abruzzes offre la possibilité d'explorer certains des paysages les plus sauvages et les plus isolés d'Italie, avec des sentiers qui vous mèneront à travers des forêts anciennes, le long des crêtes des montagnes et au-delà de lacs aux eaux cristallines. Le parc offre également des possibilités d'observation de la faune, avec des visites guidées axées sur la faune et la flore uniques du parc. La meilleure période pour visiter le parc national des Abruzzes est de mai à octobre, lorsque le temps est chaud et les sentiers ouverts.

Le parc national du Stelvio, situé dans les Alpes centrales, est l'un des plus grands parcs nationaux d'Italie et offre certains des paysages montagneux les plus spectaculaires du pays. Le parc doit son nom au col du Stelvio, l'un des cols de montagne les plus hauts et les plus célèbres d'Europe. Le parc national du Stelvio est un paradis pour les randonneurs, avec un large éventail de sentiers qui vous mèneront à travers des prairies alpines, des glaciers et des crêtes abruptes offrant une vue panoramique sur les sommets environnants. Le parc est également une excellente destination pour l'observation de la faune, avec des espèces telles que le bouquetin, le chamois et le cerf élaphe. La meilleure période pour visiter le parc national du Stelvio est de juin à septembre, lorsque le temps est chaud et que la neige a fondu sur les sentiers les plus élevés.

Le parc national des Cinque Terre, situé sur la côte ligure, est l’un des parcs nationaux les plus célèbres et les plus pittoresques d’Italie. Le parc abrite les cinq villages des Cinque Terre, ainsi qu'un réseau de sentiers de randonnée offrant une vue imprenable sur la mer Méditerranée et les falaises environnantes. Le Sentiero Azzurro (Chemin Bleu) est le sentier le plus célèbre du parc, vous faisant traverser des vignobles, des oliveraies et des jardins en terrasses. En plus de la randonnée, le parc national des Cinque Terre offre des possibilités de baignade, de plongée en apnée et de kayak dans les eaux cristallines de la Méditerranée. La meilleure période pour visiter le parc national des Cinque Terre est au printemps ou à l’automne, lorsque le temps est doux et que les sentiers sont moins fréquentés.

Le parc national de l'Aspromonte, situé dans la région sud de la Calabre, est l'un des parcs nationaux les plus isolés et les plus accidentés d'Italie. Le parc est connu pour ses paysages spectaculaires, notamment des gorges profondes, des falaises abruptes et des forêts anciennes. La randonnée dans le parc national de l'Aspromonte offre la possibilité d'explorer certaines des régions les plus préservées et sauvages d'Italie, avec des sentiers qui vous mènent à travers des forêts denses, le long des crêtes des montagnes et devant des cascades cachées. Le parc abrite également une faune riche et variée, notamment des loups, des sangliers et des aigles royaux. La meilleure période pour visiter le parc national de l'Aspromonte est de mai à octobre, lorsque le temps est chaud et les sentiers ouverts.

Le parc national du Gargano, situé dans la région des Pouilles, est l’un des parcs nationaux les plus diversifiés et uniques d’Italie. Le parc englobe une variété de paysages, notamment des falaises côtières, des plages de sable fin, des forêts denses et des zones humides. Le parc national du Gargano est un paradis pour les amoureux de la nature, avec un large éventail d'activités de plein air disponibles, notamment la randonnée, l'observation des oiseaux et les excursions en bateau. Le parc abrite également la Foresta Umbra, une forêt ancienne qui est l'une des plus importantes et des mieux conservées d'Italie. Le meilleur moment pour visiter le parc national du Gargano est au printemps ou à l’automne, lorsque le temps est doux et que le parc est le plus beau.

En conclusion, l’Italie offre une incroyable gamme d’aventures en plein air qui s’adressent à tous les types de voyageurs. De la randonnée dans les majestueuses Dolomites à l'exploration de l'ancienne voie Appienne, en passant par le farniente sur les plages ensoleillées de Sardaigne et le ski dans les stations de classe mondiale des Alpes, la beauté naturelle et la diversité des paysages de l'Italie offrent des possibilités infinies d'aventure.

Chapitre 8

Conseils pratiques de voyage

Voyager en Italie est une expérience enrichissante qui allie le plaisir d'explorer des villes historiques, de savourer une cuisine de renommée mondiale et de s'imprégner de paysages à couper le souffle. Cependant, pour garantir le bon déroulement de votre voyage, il est essentiel d'être bien préparé avec des informations pratiques qui vous aideront à naviguer dans les nuances du voyage italien. Ce chapitre est conçu pour vous fournir des conseils détaillés sur les déplacements, le choix de l'hébergement, la maîtrise des expressions linguistiques essentielles, la gestion des devises et des paiements, ainsi que la compréhension des coutumes et de l'étiquette locales. Grâce à ces conseils complets, vous serez équipé pour tirer le meilleur parti de votre voyage en Italie, en évitant les pièges courants et en vous immergeant pleinement dans la culture locale.

Se déplacer : transports publics et location de voitures

L'Italie dispose d'un réseau de transport bien développé qui facilite les déplacements entre les villes et les régions. Que vous préfériez la commodité des transports en commun ou la flexibilité de conduire vous-même, comprendre comment naviguer dans les différentes options de transport italiennes est la clé d'un voyage sans stress.

Le système ferroviaire italien est l'un des moyens de transport les plus efficaces et les plus populaires pour voyager entre les villes. Le pays est desservi par Trenitalia, le service ferroviaire national, et Italo, un opérateur ferroviaire privé à grande vitesse. Les deux proposent de nombreux itinéraires couvrant les grandes villes et régions. Les trains à grande vitesse, tels que Frecciarossa, Frecciargento et Frecciabianca, relient les grandes villes comme Rome, Florence, Milan, Naples et Venise, avec des temps de trajet souvent nettement plus courts que la conduite automobile. Par exemple, un train de Rome à Florence prend environ 1h30, contre 3 heures en voiture. Ces trains sont modernes, confortables et équipés de commodités telles que le

Wi-Fi, des prises de courant et un service de restauration. Il est conseillé de réserver vos billets à l'avance, surtout pendant les hautes saisons touristiques, car les prix peuvent augmenter à l'approche de la date de départ.

Pour ceux qui voyagent vers des petites villes ou explorent les zones rurales, les trains régionaux sont la meilleure option. Ces trains sont plus lents et font des arrêts plus fréquents, mais ils offrent un aperçu plus intime de la campagne italienne. Ils sont reliés à presque toutes les villes d'Italie, ce qui permet d'atteindre facilement des destinations moins touristiques. Les trains régionaux sont généralement moins chers et aucune réservation n'est requise, même s'il est toujours bon de valider votre billet avant de monter à bord pour éviter les amendes.

Outre les trains, les bus offrent un moyen fiable et abordable de voyager entre les villes et au sein des régions. Les services de bus longue distance en Italie sont exploités par des sociétés telles que FlixBus et Itabus, qui proposent des alternatives confortables et économiques aux trains, en particulier pour les destinations mal desservies par le train. Les bus constituent également le principal moyen de transport dans les régions plus reculées, comme la Sicile et la Sardaigne, où le service ferroviaire est limité. Dans les villes, les bus et tramways locaux constituent un moyen efficace de se déplacer, en particulier dans des villes comme Rome, Florence et Milan, où la conduite peut être difficile en raison de la circulation et du nombre limité de places de stationnement.

Les ferries constituent un autre élément essentiel du réseau de transport italien, en particulier pour ceux qui voyagent vers les nombreuses îles du pays. Les principales compagnies de ferry sont Moby, Tirrenia et Grandi Navi Veloci, qui assurent des liaisons entre le continent et des îles telles que la Sicile, la Sardaigne et les îles Éoliennes. Les ferries relient également les villes et villages côtiers, offrant une façon pittoresque et tranquille de voyager. Par exemple, il est préférable d'explorer la côte amalfitaine et les Cinque Terre en bateau, car les ferries offrent une vue imprenable sur le littoral et un accès facile à des endroits autrement difficiles d'accès. Les horaires des ferries varient en fonction de la saison, il est donc conseillé de vérifier les horaires et de réserver vos billets à l'avance pendant les mois d'été.

Bien que les transports publics soient très efficaces, la location d'une voiture offre une flexibilité inégalée, surtout si vous envisagez d'explorer les zones rurales ou de vous lancer dans un road trip à travers la campagne pittoresque de l'Italie. La location de voitures est largement disponible dans les grandes villes, les aéroports et les gares. De grandes entreprises internationales telles que Hertz, Avis et Europcar, ainsi que des prestataires locaux, proposent une large gamme de véhicules adaptés à vos besoins. Cependant, il y a quelques points à considérer avant de louer une voiture en Italie.

Conduire en Italie peut être une aventure en soi, avec son lot de défis. Les conducteurs italiens sont connus pour leur style de conduite affirmé et les conditions routières peuvent varier considérablement selon les régions. Dans les villes, les rues étroites, la circulation dense et le stationnement limité peuvent rendre la conduite stressante, en particulier dans les centres historiques où de nombreuses rues sont réservées aux résidents ou dans les zones réservées aux piétons (ZTL – Zona a Traffico Limitato). Il est important de se familiariser avec les ZTL, car circuler dans ces zones sans permis peut entraîner de lourdes amendes. De plus, de nombreuses villes italiennes disposent d'un nombre limité de places de stationnement et, lorsqu'elles sont disponibles, le stationnement peut être coûteux. Pensez à utiliser les transports en commun ou à garer votre voiture dans des zones désignées en dehors du centre-ville et à utiliser les bus ou tramways locaux pour explorer la ville.

Conduire à la campagne peut cependant être une expérience délicieuse, avec des routes panoramiques serpentant à travers les vignobles, les oliveraies et les villages médiévaux. La campagne toscane, la côte amalfitaine et les Dolomites sont particulièrement populaires pour les road trips, offrant des vues imprenables et la liberté d'explorer à votre rythme. Les routes italiennes sont généralement bien entretenues, mais il est important de connaître les règles de conduite locales. Les limites de vitesse sont strictement appliquées et les amendes pour excès de vitesse ou autres infractions au code de la route sont élevées. Il convient également de noter que de nombreuses autoroutes (autostrade) sont des routes à péage, alors soyez prêt à payer les péages en espèces ou par carte de crédit.

Lorsque vous louez une voiture, assurez-vous d'avoir un permis de conduire valide (un permis de conduire international est requis pour les citoyens non européens), une carte de crédit pour la caution et une couverture d'assurance complète. De nombreuses sociétés de location proposent des formules d'assurance supplémentaires, notamment une couverture contre le vol, les dommages et l'assistance routière, qui peuvent offrir une tranquillité d'esprit, en particulier lorsque vous conduisez dans des zones inconnues. L'essence en Italie est relativement chère, alors tenez compte des coûts de carburant lors de la planification de votre voyage.

Guide d'hébergement

L'Italie offre une large gamme d'options d'hébergement pour tous les budgets et toutes les préférences, des hôtels cinq étoiles luxueux aux auberges économiques et aux séjours uniques comme les agritourismes et les hôtels de charme. Choisir le bon hébergement peut grandement améliorer votre expérience de voyage, que vous recherchiez le confort, la commodité ou une expérience locale authentique.

Pour ceux qui recherchent le luxe, les hôtels cinq étoiles en Italie offrent des équipements de classe mondiale, un service exceptionnel et des emplacements privilégiés au cœur des villes les plus emblématiques du pays. À Rome, l'hôtel Hassler, au sommet de la place d'Espagne, propose des chambres opulentes avec une vue imprenable sur la ville, tandis que le Four Seasons Hotel Firenze de Florence est situé dans un palais historique entouré de jardins luxuriants. À Venise, l'Aman Venice est installé dans un palais du XVIe siècle surplombant le Grand Canal, offrant un mélange unique de charme historique et de luxe moderne. Ces hôtels disposent souvent de restaurants gastronomiques, de spas et de services personnalisés, ce qui les rend idéaux pour les voyageurs qui souhaitent profiter de l'hospitalité légendaire de l'Italie.

Pour les voyageurs avec un budget moyen, l'Italie dispose d'une pléthore d'hôtels de charme, de maisons d'hôtes et de B&B qui offrent confort et charme sans se ruiner. Les hôtels-boutiques, souvent situés dans des bâtiments historiques restaurés, offrent une expérience plus intime avec un service personnalisé et des intérieurs élégants. Dans des villes comme Florence, vous pouvez trouver des hôtels de charme nichés dans des rues étroites, offrant un accès facile aux principales attractions tout en offrant un refuge paisible loin de l'agitation de la ville. Les maisons d’hôtes et les B&B sont une autre excellente option pour ceux qui préfèrent une atmosphère plus chaleureuse. Ces hébergements sont généralement à la gestion familiale, offrant une hospitalité chaleureuse et des conseils d'initiés pour explorer la région.

Pour les voyageurs soucieux de leur budget, les auberges et les hôtels économiques proposent des options abordables sans sacrifier le confort. Les auberges italiennes ont évolué au fil des années, proposant des chambres privées et des équipements modernes en plus des hébergements traditionnels de style dortoir. De nombreuses auberges organisent également des événements sociaux, ce qui en fait un excellent choix pour les voyageurs solitaires cherchant à rencontrer d'autres personnes. Les hôtels économiques, souvent familiaux, proposent un hébergement basique mais confortable à un prix raisonnable. Même s'ils n'ont pas le luxe des options haut de gamme, ils offrent souvent une expérience plus authentique et plus terre-à-terre.

L'une des façons les plus uniques et les plus enrichissantes de découvrir l'Italie est de séjourner dans un agritourisme, un séjour à la ferme qui allie charme rural et confort moderne. Les agritourismes sont des fermes en activité qui proposent des hébergements allant des chambres simples aux appartements entièrement équipés. Séjourner dans un agritourisme vous permet de découvrir la campagne italienne, de déguster des repas faits maison à base d'ingrédients locaux et de découvrir les pratiques agricoles traditionnelles. De nombreux agritourismes proposent également des activités telles que des cours de cuisine, des dégustations de vins et des visites guidées de la ferme, offrant un lien plus profond avec la terre et ses traditions. Des régions comme la Toscane, l'Ombrie et les Pouilles sont particulièrement connues pour leur abondance d'agritourismes, ce qui en fait un excellent choix pour les voyageurs à la recherche d'une retraite rurale paisible et authentique.

Pour une expérience vraiment mémorable, pensez à réserver un séjour dans une villa ou un château historique. L'Italie abrite d'innombrables propriétés historiques qui ont été transformées en hébergements luxueux, offrant un mélange unique d'histoire, d'architecture et de confort moderne. Séjourner dans une villa ou un château vous permet de remonter le temps et de découvrir la grandeur du passé italien, avec de nombreuses propriétés dotées de meubles anciens, de plafonds ornés de fresques et de magnifiques jardins. Ces hébergements sont souvent situés dans un cadre champêtre pittoresque, ce qui les rend idéaux pour une escapade romantique ou une célébration spéciale.

Lors de la réservation d'un hébergement en Italie, il est important de prendre en compte l'emplacement, en particulier dans les villes où la proximité des principales attractions peut permettre d'économiser du temps et des efforts. Dans des villes comme Rome, Florence et Venise, séjourner dans le centre historique vous permet d'explorer les sites touristiques de la ville à pied, tandis que les hébergements en dehors du centre peuvent nécessiter de prendre les transports en commun ou de parcourir de plus longues distances. Il vaut également la peine de vérifier si le petit-déjeuner est inclus dans le tarif de la chambre, car de nombreux hôtels et chambres d'hôtes proposent un petit-déjeuner gratuit, généralement composé de café, de pâtisseries et de fruits.

Conseils linguistiques et expressions courantes

Même si de nombreux Italiens, en particulier dans les zones touristiques, parlent anglais, apprendre quelques phrases italiennes de base peut grandement améliorer votre expérience de voyage et vous aider à vous connecter de manière plus significative à la culture locale. Les Italiens apprécient grandement lorsque les visiteurs font l'effort de parler leur langue, ne serait-ce que quelques mots. Cela montre du respect pour leur culture et peut ouvrir la porte à des interactions plus authentiques, que vous commandiez un repas, demandiez votre chemin ou échangeiez simplement des plaisanteries.

Pour commencer, il est utile d'apprendre les salutations courantes et les expressions polies. « Buongiorno » (bonjour) et « Buonasera » (bonsoir) sont utilisés respectivement pour saluer les gens pendant la journée et le soir. Lorsque vous rencontrez quelqu'un ou lui dites au revoir, vous pouvez utiliser « Ciao » (bonjour/au revoir), qui est informel, ou « Arrivederci » (au revoir), qui est plus formel. « Grazie » (merci) et « Prego » (de rien) sont des expressions de politesse essentielles qui seront utiles dans presque toutes les situations.

Lorsque vous dînez au restaurant ou faites du shopping, savoir exprimer vos besoins et préférences fondamentaux peut rendre l'expérience plus fluide et plus agréable. « Vorrei » (je voudrais) est une expression utile pour commander de la nourriture ou des boissons, comme dans « Vorrei un caffè, per favore » (je voudrais un café, s'il vous plaît). Si vous avez besoin d'aide pour trouver quelque chose, vous pouvez demander « Dov'è... ? (Où est... ?), suivi du nom du lieu ou de l'article que vous recherchez, par exemple « Dov'è il bagno ? (Où se trouvent les toilettes?). Si vous ne comprenez pas quelque chose, « Non capisco » (je ne comprends pas) ou « Può ripetere, per favore ? (Pouvez-vous répéter cela, s'il vous plaît ?) peut être très utile.

Lors du shopping, il est courant d'entendre l'expression « Quanto costa ? (Combien ça coûte ?), et au moment de payer, vous pouvez dire « Il conto, per favore » (La facture, s'il vous plaît) si vous êtes au restaurant. Si vous recherchez un article spécifique dans un magasin, « Cerco... » (Je cherche...) suivi du nom de l'article peut être utile. Les Italiens sont généralement très patients avec les étrangers qui tentent de parler leur langue, alors ne vous inquiétez pas de faire des erreurs, vos efforts seront appréciés.

Pour ceux qui envisagent de voyager beaucoup dans des zones moins touristiques ou qui souhaitent approfondir la culture locale, cela vaut peut-être la peine d'apprendre davantage d'italien avant votre voyage. Il existe de nombreuses applications linguistiques, cours en ligne et guides de conversation qui peuvent vous aider à acquérir une compréhension de base de l'italien. Même si vous n'apprenez que quelques phrases, cela peut rendre votre expérience de voyage plus agréable et moins stressante.

Devise, paiements et pourboires

L'Italie, comme la plupart des pays européens, utilise l'euro (€) comme monnaie. C'est une bonne idée de vous familiariser avec les coupures des billets et des pièces en euros avant votre voyage. Les billets sont disponibles en coupures de 5, 10, 20, 50, 100, 200 et 500 euros, tandis que les pièces sont disponibles en 1, 2, 5, 10, 20 et 50 centimes, ainsi qu'en 1 et 2 euros.

En ce qui concerne le traitement des paiements, les cartes de crédit et de débit sont largement acceptées en Italie, notamment dans les villes et les zones touristiques. Visa et MasterCard sont les plus couramment acceptées, tandis qu'American Express et Diners Club ne sont peut-être pas aussi largement reconnues. Cependant, il est important d'avoir sur soi de l'argent liquide, surtout lorsque vous voyagez dans des petites villes ou des zones rurales où certains établissements n'acceptent pas les cartes. Les distributeurs automatiques (appelés bancomat en italien) sont nombreux et offrent un moyen pratique de retirer de l'argent. Soyez simplement conscient des frais potentiels pour les transactions à l'étranger et la conversion de devises.

Le pourboire en Italie n'est généralement pas obligatoire, mais il est apprécié pour un bon service. Dans les restaurants, des frais de service (servizio) sont souvent inclus dans la facture, notamment dans les zones touristiques. Ces frais varient généralement entre 10 et 15 %. Si les frais de service ne sont pas inclus, il est d'usage de laisser un petit pourboire, généralement environ 10 % de la facture totale. Pour un service exceptionnel, vous pouvez laisser un peu plus, mais les Italiens ne s'attendent pas à des pourboires aussi importants que ceux habituels aux États-Unis. Dans les cafés ou les bars, il est courant d'arrondir à l'euro supérieur ou de laisser une petite monnaie en guise de geste d'appréciation.

Pour d'autres services, comme les courses en taxi ou le personnel de l'hôtel, le pourboire n'est pas non plus obligatoire mais peut être une belle façon de montrer votre gratitude. Pour les chauffeurs de taxi, il suffit d’arrondir à l’euro supérieur ou de laisser un petit pourboire (environ 1 à 2 euros). Pour les porteurs d'hôtel, 1 à 2 euros par sac est standard, et pour le ménage, vous pouvez laisser 1 à 2 euros par jour de votre séjour. Dans les hôtels haut de gamme ou pour un service exceptionnel, vous pourriez envisager de donner un pourboire plus élevé, mais encore une fois, ce n’est pas prévu.

Coutumes et étiquette locales

Comprendre les coutumes et l'étiquette italiennes vous aidera à naviguer dans les interactions sociales et à éviter tout faux pas involontaire lors de vos voyages. Les Italiens sont connus pour leur hospitalité chaleureuse, mais ils valorisent également le respect, la politesse et certaines normes sociales qu'il est important de respecter.

Un aspect clé de la culture italienne est l’accent mis sur les relations familiales et sociales. La famille joue un rôle central dans la vie italienne et les réunions sociales tournent souvent autour des repas partagés avec les proches. Lorsqu’on est invité dans une maison italienne, il est de coutume d'apporter un petit cadeau, comme du vin, des fleurs ou des chocolats, en guise de remerciement. Lorsque vous dînez, il est poli d'attendre que l'hôte commence à manger avant de commencer, et si on vous propose plus de nourriture, il est considéré comme courtois d'en accepter au moins une petite portion, même si vous êtes rassasié.

Lorsque vous dînez au restaurant, vous devez garder à l'esprit quelques bonnes manières à table. Les Italiens prennent leur nourriture au sérieux et les repas sont souvent des activités tranquilles destinées à être appréciées sans précipitation. Il est courant de commander chaque plat séparément et le café est généralement dégusté après le repas plutôt que pendant. De plus, lorsque vous dînez en groupe, il est courant de diviser l'addition de manière égale entre tous les convives (fare alla romana), à moins que quelqu'un n'insiste pour traiter le groupe. Si vous n'êtes pas sûr des coutumes locales dans une région particulière, observer le comportement des habitants peut être un guide utile.

En matière de code vestimentaire, les Italiens sont connus pour leur sens du style, et il existe une attente tacite de bien s'habiller, surtout en ville. Bien qu'une tenue décontractée soit acceptable dans de nombreuses situations, les vêtements trop décontractés comme les tongs, les vêtements de sport ou les vêtements de plage sont généralement réservés à la plage ou aux zones de villégiature. Lorsque vous visitez des sites religieux, comme des églises ou des cathédrales, il est important de s'habiller modestement. Les épaules et les genoux doivent être couverts et les chapeaux doivent être retirés à l'entrée.

La ponctualité est un autre aspect important de l'étiquette italienne, même si elle peut varier selon la situation. Pour les réunions d'affaires et les événements formels, la ponctualité est attendue et appréciée. Cependant, dans les situations sociales, comme les dîners ou les réunions entre amis, il y a souvent un peu plus de flexibilité. Il n'est pas rare que des invités arrivent avec quelques minutes de retard, mais être excessivement en retard sans préavis peut être considéré comme impoli.

Le respect de l'histoire et de la culture est profondément ancré dans la société italienne. Lorsque vous visitez des sites historiques, des musées et d'autres monuments culturels, il est important de faire attention à votre comportement. Évitez de toucher des artefacts, de parler fort ou de prendre des photos au flash dans des endroits où cela est interdit. Les Italiens sont très fiers de leur héritage culturel et faire preuve de respect pour leur histoire sera apprécié.

Un dernier aspect à considérer est le concept de « la dolce vita » – la douceur de vivre. Cette philosophie met l'accent sur les plaisirs de la vie, de la bonne nourriture et du bon vin au temps passé avec ses proches. Adopter cet état d'esprit lors de vos voyages en Italie peut vous aider à apprécier pleinement la beauté, la culture et la chaleur du mode de vie italien. Que vous savouriez tranquillement un repas dans une trattoria, vous promeniez sur une place historique ou dégustiez simplement une glace au bord de la mer, prendre le temps d'apprécier ces moments est essentiel pour découvrir l'Italie sous sa forme la plus vraie.

L'Italie offre une expérience de voyage riche et variée, remplie d'opportunités de s'immerger dans sa culture, son histoire et sa beauté naturelle. En étant bien préparé et doté de conseils de voyage pratiques, qu'il s'agisse de naviguer dans le système de transport, de choisir le bon hébergement, d'apprendre des phrases clés, de gérer les devises et les pourboires ou de comprendre les coutumes locales, vous serez en mesure de tirer le meilleur parti de votre voyage. Avec ces connaissances en main, vous pouvez voyager en toute confiance, vous connecter avec les habitants et créer des souvenirs impérissables de votre séjour dans ce pays extraordinaire. Profitez de chaque instant de votre aventure italienne et n'oubliez pas de savourer le voyage autant que la destination.

Chapitre 9

Exemples d'itinéraires

L'Italie classique en une semaine

Planifier un voyage d'une semaine en Italie peut sembler une tâche ardue étant donné l'abondance de villes et de monuments historiques de renommée mondiale. Cependant, avec une planification minutieuse, il est possible de découvrir certains des sites les plus emblématiques d'Italie tout en savourant l'essence de la dolce vita. Cet itinéraire classique d'une semaine est conçu pour vous donner un avant-goût de la riche histoire, de la culture vibrante et de la beauté inégalée de l'Italie.

Jour 1 : Arrivée à Rome

Votre voyage commence à Rome, la Ville éternelle. À votre arrivée, prenez la journée pour vous installer et explorer la ville à votre rythme. Commencez par une promenade tranquille dans le centre historique, en visitant la place d'Espagne et la fontaine de Trevi, où il est de coutume de jeter une pièce de monnaie par-dessus son épaule pour porter chance. Pour le dîner, savourez un repas romain traditionnel dans le quartier animé de Trastevere, connu pour ses charmantes rues pavées et ses trattorias authentiques.

Jour 2 : La Rome antique et le Vatican

Consacrez votre première journée complète à l'exploration des merveilles antiques de Rome. Commencez par une visite matinale du Colisée, où vous pourrez imaginer les combats de gladiateurs qui captivaient autrefois les citoyens romains. À quelques pas, le Forum romain vous attend, offrant un aperçu fascinant du cœur de la vie romaine antique. Après une matinée d'histoire, dirigez-vous vers la Cité du Vatican dans l'après-midi. Émerveillez-vous devant la grandeur de la basilique Saint-Pierre et de la chapelle Sixtine, où les chefs-d'œuvre de Michel-Ange ornent le plafond. Si le temps le permet, faites une visite guidée des musées du Vatican, qui abritent une collection sans précédent d'art et d'antiquités.

Jour 3 : Florence et les chefs-d'œuvre de la Renaissance

Le troisième jour, prenez un train à grande vitesse pour Florence, berceau de la Renaissance. À votre arrivée, dirigez-vous directement vers la cathédrale de Florence (Duomo), avec son magnifique dôme conçu par Brunelleschi. À proximité, la Galerie des Offices abrite une extraordinaire collection d'art de la Renaissance, comprenant des œuvres de Botticelli, Léonard de Vinci et Michel-Ange. Dans l'après-midi, traversez le fleuve Arno via le pittoresque Ponte Vecchio et explorez le quartier de l'Oltrarno, connu pour ses ateliers d'artisans et ses boutiques locales. À la tombée de la nuit, savourez un repas toscan sur l'une des places historiques de Florence.

Jour 4 : Excursion d'une journée dans la campagne toscane

Aucune visite en Toscane n'est complète sans une journée à la campagne. Louez une voiture ou participez à une visite guidée pour explorer les collines, les vignobles et les villes médiévales qui rendent cette région si enchanteresse. Visitez la ville de San Gimignano, célèbre pour ses tours médiévales et ses délicieuses glaces. Continuez vers la région du Chianti pour une dégustation de vin dans l'un des nombreux vignobles. Si le temps le permet, arrêtez-vous à Sienne, où vous pourrez admirer l'impressionnante Piazza del Campo et la cathédrale gothique de Sienne. Retour à Florence dans la soirée pour un dîner relaxant.

Jour 5 : Venise – La ville flottante

Quittez Florence tôt et prenez un train pour Venise, où vous serez transporté dans une ville pas comme les autres. Commencez votre journée sur la place Saint-Marc, la principale place publique de la ville, où vous pourrez visiter la basilique Saint-Marc et le palais des Doges. Ne manquez pas l'occasion de gravir le Campanile pour une vue panoramique sur la ville. Passez l'après-midi à flâner dans les rues labyrinthiques et les canaux de Venise, à découvrir des places cachées et de charmants ponts. Terminez votre journée par une promenade romantique en gondole le long du Grand Canal, suivie d'un dîner de fruits de mer dans une osteria locale.

Jour 6 : Murano, Burano et îles vénitiennes

Lors de votre deuxième jour à Venise, faites une excursion en bateau vers les îles voisines de Murano et Burano. Murano est célèbre pour sa fabrication de verre et vous pourrez visiter des ateliers où les artisans perpétuent cette tradition séculaire. Burano, quant à elle, est connue pour ses maisons aux couleurs vives et ses dentelles complexes. Passez la journée à explorer ces îles pittoresques et n'oubliez pas de déguster des collations vénitiennes locales. Retournez à Venise en fin d'après-midi et envisagez une promenade nocturne dans les quartiers les moins touristiques, comme Cannaregio, où vous pourrez découvrir un côté plus calme et plus authentique de la ville.

Jour 7 : Départ de Venise

Votre dernier jour en Italie est l'occasion de vous imprégner des derniers instants de votre voyage. En fonction de votre heure de départ, vous aurez peut-être l'occasion de visiter le marché du Rialto, où les locaux achètent des produits frais, ou de faire une dernière promenade le long des canaux. Réfléchissez aux sites incroyables que vous avez vus alors que vous préparez votre voyage de retour, emportant avec vous les souvenirs de l'histoire, de la culture et de la beauté naturelle de l'Italie.

Voyage approfondi de deux semaines

Pour les voyageurs disposant de plus de temps, un itinéraire de deux semaines permet une exploration plus approfondie de l'Italie, au-delà des grandes villes et au cœur de ses régions. Ce voyage combine des monuments emblématiques et des trésors cachés, offrant une expérience complète de la diversité des paysages et des trésors culturels de l'Italie.

Jours 1-3 : Rome et ses environs

Commencez votre voyage à Rome, comme dans l'itinéraire d'une semaine, mais avec une journée supplémentaire pour explorer au-delà du centre-ville. Après avoir visité les principales attractions comme le Colisée, le Forum romain et la Cité du Vatican, faites une excursion d'une journée dans la ville voisine de Tivoli. Ici, vous pourrez visiter la Villa d'Este, classée au patrimoine mondial de l'UNESCO, célèbre pour ses jardins en terrasses et ses fontaines élaborées, ainsi que la Villa d'Hadrien, les vastes ruines de la retraite d'un empereur romain.

Jours 4-6 : Florence et Toscane

Continuez vers Florence, où vous pourrez plonger plus profondément dans l'art et la culture de la ville. En plus du Duomo et de la Galerie des Offices, pensez à visiter la Galerie de l'Académie pour voir le David de Michel-Ange ou à explorer les jardins de Boboli derrière le palais Pitti. Passez une journée supplémentaire à explorer les villes toscanes moins connues de Lucques et de Pise. Lucques est réputée pour ses remparts intacts de la Renaissance, tandis que Pise abrite la célèbre tour penchée et une multitude d'autres sites historiques.

Jours 7-8 : Cinque Terre et la côte ligure

Quittez la Toscane derrière vous et dirigez-vous vers la côte ligure, qui abrite les villages pittoresques des Cinque Terre. Passez deux jours en randonnée entre ces cinq villages colorés, chacun perché sur des falaises surplombant la mer. Les sentiers offrent des vues imprenables et le rythme de vie ici est parfait pour la détente. Ne manquez pas l'occasion de déguster des fruits de mer frais et le vin blanc local, Sciacchetrà, dans l'une des trattorias du village.

Jours 9-10 : Venise et la Vénétie

Après votre séjour sur la côte, rendez-vous à Venise, où vous pourrez suivre les suggestions d'itinéraire d'une semaine. Avec une journée supplémentaire, envisagez une excursion d'une journée dans la région de la Vénétie. Visitez Vérone, le décor de Roméo et Juliette de Shakespeare, où vous pourrez voir l'ancienne arène romaine et le balcon de Juliette. Vous pouvez également explorer Padoue, qui abrite la chapelle des Scrovegni avec ses remarquables fresques de Giotto.

Jours 11-12 : Milan et Lac de Côme

Ensuite, voyagez à Milan, la capitale italienne de la mode et de la finance. Visitez la magnifique cathédrale de Milan (Duomo di Milano) et admirez La Cène de Léonard de Vinci au couvent Santa Maria delle Grazie. Après avoir exploré la ville, faites une excursion d'une journée au lac de Côme, où vous pourrez visiter les charmantes villes de Bellagio et Varenna. Les eaux sereines du lac, entourées de montagnes, offrent un contraste paisible avec l'animation de la ville.

Jours 13-14 : La côte amalfitaine et Pompéi

Terminez votre voyage de deux semaines par une visite dans le sud de l'Italie. Voyagez à Naples et utilisez-la comme base pour explorer la côte amalfitaine. Passez une journée à conduire le long de la côte, à visiter des villes comme Positano et Ravello, et peut-être à faire une excursion en bateau jusqu'à l'île de Capri. Lors de votre dernier jour, explorez les ruines antiques de Pompéi, la ville romaine figée dans le temps par l'éruption du Vésuve en 79 après JC. Ce site offre un aperçu inégalé de la vie romaine antique et constitue une conclusion appropriée à votre aventure italienne.

Aventures familiales

L'Italie est une destination merveilleuse pour les familles, offrant un mélange d'expériences éducatives, d'activités de plein air et d'attractions amusantes qui peuvent être appréciées par tous les âges. Ces itinéraires sont conçus pour garder les enfants occupés tout en offrant aux parents une expérience de voyage enrichissante.

Rome et Florence pour les familles

Commencez votre aventure en famille à Rome, où l'histoire prend vie. Les enfants seront fascinés par les histoires de gladiateurs du Colisée et pourront explorer le Forum romain comme de jeunes archéologues. Faites une visite familiale des musées du Vatican, où des activités spéciales et des guides peuvent rendre l'art et l'histoire plus accessibles aux jeunes esprits. Ne manquez pas l'occasion de déguster des glaces dans l'une des nombreuses gelaterias de Rome : les enfants adoreront choisir parmi la grande variété de saveurs.

À Florence, l'art et l'histoire continuent, mais avec une touche familiale. Visitez le musée Léonard de Vinci, où des expositions interactives permettent aux enfants de découvrir les inventions de Léonard de Vinci. Les nombreuses places de la ville offrent des espaces sûrs où les enfants peuvent courir pendant que les parents se détendent avec un café ou un apéritif. Envisagez une excursion d'une journée à la campagne pour une visite à la ferme, où les enfants pourront en apprendre davantage sur l'agriculture italienne et même participer à un cours de cuisine conçu pour les familles.

La Riviera italienne et le lac de Garde

Pour un rythme plus détendu, dirigez-vous vers la Riviera italienne. Les plages de la côte ligure sont parfaites pour des vacances en famille. Passez quelques jours aux Cinque Terre, où toute la famille pourra profiter de randonnées faciles entre les villages et se baigner dans les eaux claires. Vous pouvez également visiter l'aquarium de Gênes, l'un des plus grands d'Europe, où les enfants peuvent en apprendre davantage sur la vie marine et tout voir, des dauphins aux requins.

Le lac de Garde est une autre excellente destination pour les familles. La région propose une gamme d'activités de plein air, du vélo et de la randonnée aux sports nautiques. Gardaland, le plus grand parc à thème d'Italie, est situé près du lac et constitue une visite incontournable pour les familles. Gardaland propose une variété d'attractions, des montagnes russes palpitantes aux zones thématiques conçues pour les jeunes enfants, ce qui en fait une journée parfaite pour tous les âges. Après une journée bien remplie, vous pourrez vous détendre au bord du lac, où de nombreux complexes hôteliers et hôtels familiaux proposent des équipements tels que des piscines, des aires de jeux et des divertissements familiaux.

Le lac de Garde offre également un accès facile aux villes historiques voisines comme Sirmione, connue pour son château médiéval et ses ruines romaines antiques. Une promenade en bateau sur le lac peut être une façon amusante et pittoresque pour les familles d'explorer la région, donnant à chacun la chance de profiter de la vue imprenable sur les montagnes environnantes et les charmants villages au bord du lac.

Escapades romantiques

L'Italie est synonyme de romantisme, ce qui en fait une destination idéale pour les couples à la recherche d'une escapade mémorable et intime. Qu'il s'agisse de se promener dans des villes pittoresques, de savourer de bons vins ou de faire une promenade en gondole, l'Italie offre d'innombrables possibilités de romance. Ces itinéraires sont conçus pour aider les couples à découvrir les aspects les plus romantiques de l'Italie.

Venise et Vérone : une romance classique

Commencez votre escapade romantique à Venise, une ville qui a conquis le cœur des amoureux depuis des siècles. Passez vos journées à explorer les sites emblématiques de Venise, tels que la place Saint-Marc et le Grand Canal, mais prenez le temps de vous perdre dans les quartiers les plus calmes de la ville, où vous pourrez découvrir des coins cachés et des canaux isolés, loin de la foule. Une promenade en gondole au coucher du soleil est une expérience vénitienne par excellence, offrant une vue unique et intime sur la ville. Le soir, profitez d'un dîner aux chandelles dans un restaurant au bord de l'eau, où vous pourrez savourer des spécialités vénitiennes avec vue sur la lagune.

Après Venise, prenez un court trajet en train jusqu'à Vérone, la ville de Roméo et Juliette de Shakespeare. Visitez la Maison de Juliette, où vous pourrez vous tenir sur le célèbre balcon et laisser un mot d'amour dans la cour. Explorez le centre historique de Vérone, avec ses arènes romaines bien conservées et ses charmantes places, parfaites pour des promenades tranquilles. Pour une expérience vraiment romantique, assistez à un spectacle d'opéra dans l'ancienne Arène de Vérone, une soirée inoubliable sous les étoiles.

La côte amalfitaine : romance au bord de la mer

La côte amalfitaine est l'une des régions les plus pittoresques d'Italie, avec des falaises spectaculaires, des villages colorés et des eaux cristallines. Installez-vous à Positano, un village qui semble descendre en cascade jusqu'à la mer. Passez vos journées à vous prélasser sur la plage, à explorer les rues étroites remplies de boutiques et de cafés et à faire des excursions en bateau le long de la côte. Pour un traitement spécial, visitez l'île de Capri, connue pour son luxe, sa beauté naturelle et la célèbre Grotte Bleue. Profitez d'un dîner romantique dans un restaurant au bord d'une falaise, où vous pourrez admirer le coucher de soleil sur la Méditerranée.

Ravello, un autre joyau de la côte amalfitaine, est connue pour ses magnifiques jardins et ses vues panoramiques. Visitez la Villa Cimbrone ou la Villa

Rufolo, dont les jardins sont parfaits pour une promenade romantique. La position surélevée de la ville offre une vue imprenable sur le littoral, ce qui en fait un endroit idéal pour les couples cherchant à échapper aux villes côtières les plus animées.

Toscane : collines vallonnées et région viticole

Les collines, les vignobles et les villes médiévales de la Toscane créent un cadre romantique qui semble tout droit sorti d'une carte postale. Commencez votre aventure toscane à Florence, où vous pourrez profiter de l'art, de l'architecture et des promenades romantiques le long du fleuve Arno. Depuis Florence, aventurez-vous dans la campagne toscane, où vous pourrez séjourner dans un agritourisme confortable (séjour à la ferme) ou dans une villa luxueuse.

Explorez la région du Chianti, célèbre pour ses vins et ses charmants villages. Passez vos journées à visiter des vignobles, où vous pourrez profiter de dégustations et de visites, et vos soirées à dîner en plein air sous le ciel toscan. La ville de Montepulciano est une autre destination romantique, connue pour son vin Vino Nobile et ses vues imprenables sur la campagne environnante.

En Toscane, les expériences romantiques ne manquent pas, qu'il s'agisse d'un tour en montgolfière au-dessus des vignobles, d'un pique-nique dans une oliveraie isolée ou simplement d'un repas tranquille sur une place historique.

La riche tapisserie d’histoire, de culture et de beauté naturelle de l’Italie en fait une destination qui peut répondre à une grande variété de préférences de voyage, que vous recherchiez des monuments emblématiques, des joyaux cachés, des aventures familiales ou des escapades romantiques. Ce chapitre a fourni une gamme d'exemples d'itinéraires pour vous aider à planifier votre voyage, adaptés à différents styles de voyage et intérêts.

Lorsque vous préparez votre voyage, réfléchissez au type d’expérience que vous espérez vivre. Que ce soit votre première fois en Italie ou que vous reveniez pour explorer plus en profondeur, il existe un itinéraire qui vous permettra de découvrir le meilleur de ce que ce pays incroyable a à offrir. Des rues animées de Rome aux lacs tranquilles du nord, et des falaises escarpées de la côte amalfitaine aux collines de la Toscane, l'Italie promet un voyage rempli de moments inoubliables. Chaque itinéraire offre une perspective différente sur ce qui rend l'Italie si spéciale, garantissant que quelle que soit la façon dont vous choisissez d'explorer, votre aventure italienne restera inoubliable.

En embarquant dans votre voyage, n'oubliez pas d'adopter le mode de vie italien, la dolce vita, et de prendre le temps de savourer chaque expérience. Qu’il s’agisse d’un repas tranquille, d’un moment de calme sur une place ou d’un coucher de soleil sur la Méditerranée, ce sont des moments qui resteront gravés dans votre mémoire longtemps après votre retour à la maison. La beauté, la culture et l’esprit de l’Italie sont intemporels et peu importe le nombre de vos visites, il y aura toujours quelque chose de nouveau à découvrir.

Chapitre 10

Ressources utiles

Contacts importants et numéros d'urgence

Lorsque vous voyagez dans un pays étranger, il est essentiel d'avoir accès aux contacts importants et aux numéros d'urgence. En Italie, comme dans tout autre pays, des situations inattendues peuvent survenir, et être préparé avec les bonnes informations peut faire une différence significative pour assurer votre sécurité et votre tranquillité d'esprit.

Avant tout, familiarisez-vous avec les numéros des services d'urgence en Italie. Le numéro d'urgence général est le 112, qui vous met en relation avec la police, les pompiers ou les services médicaux, selon la nature de l'urgence. Ce numéro est libre d'appeler depuis n'importe quel téléphone, y compris les téléphones portables, et les opérateurs sont généralement multilingues, ce qui est particulièrement utile pour les touristes. En plus du 112, vous pourriez avoir besoin de numéros spécifiques : le 113 pour les urgences policières, le 115 pour les urgences incendie et le 118 pour les urgences médicales. C'est une bonne idée de sauvegarder ces numéros sur votre téléphone et de les noter dans un endroit facilement accessible, comme votre chambre d'hôtel ou votre portefeuille, au cas où vous vous retrouveriez dans une situation sans accès à votre téléphone.

Si vous voyagez avec des enfants, des membres âgés de votre famille ou des personnes ayant des besoins de santé spécifiques, il peut également être judicieux de localiser l'hôpital ou la clinique médicale le plus proche à votre arrivée. La plupart des villes et villages d'Italie disposent d'au moins un hôpital, et de nombreuses grandes villes disposent de professionnels de la santé anglophones qui peuvent aider les touristes. Les pharmacies, marquées d'une croix verte, sont également largement disponibles et peuvent fournir des médicaments en vente libre, des fournitures de premiers secours et des conseils pour des problèmes de santé mineurs. Certaines pharmacies ont des horaires d'ouverture prolongés ou sont ouvertes 24 heures sur 24, notamment dans les grandes villes.

Un autre ensemble de contacts essentiels comprend l'ambassade ou le consulat de votre pays en Italie. Ces institutions peuvent vous offrir une assistance dans diverses situations, par exemple si vous perdez votre passeport, si vous avez besoin d'aide pour des questions juridiques ou si vous vous trouvez en situation d'urgence. Il est recommandé de connaître l’emplacement et les coordonnées de votre ambassade ou consulat dans les villes que vous visiterez. Pour les citoyens américains, l'ambassade des États-Unis est située à Rome, avec des consulats à Milan, Florence et Naples. De même, l'ambassade britannique se trouve à Rome, avec des consulats à Milan et Naples. D’autres pays ont des dispositions similaires, et ces informations sont généralement disponibles sur le site Web d’avis aux voyageurs de votre gouvernement.

De plus, il est crucial d'avoir les coordonnées de votre hébergement à portée de main, surtout si vous séjournez dans une zone rurale ou dans une grande ville où il peut être facile de se perdre. De nombreux hôtels et services de location fournissent des cartes de visite avec leur adresse et leur numéro de téléphone, ce qui peut être utile si vous avez besoin d'un itinéraire ou si vous vous trouvez dans une situation où vous avez besoin d'aide pour retourner à votre logement. Si vous faites appel à une agence de voyages ou à un voyagiste, gardez leurs coordonnées à portée de main, car ils peuvent souvent vous aider en cas de changements inattendus dans vos projets de voyage ou d'autres urgences.

Pour ceux qui envisagent de louer une voiture pendant leur séjour, il est essentiel d'avoir les coordonnées de la société de location de voitures, ainsi que des informations sur les services d'assistance routière locaux. En Italie, l'Automobile Club d'Italia (ACI) propose une assistance routière payante et son numéro est le 803 116. C'est une bonne idée de clarifier avec votre société de location quelle est sa politique en matière de pannes ou d'accidents et quelles sont les mesures à prendre. à prendre si quelque chose ne va pas sur la route.

Enfin, si vous disposez d'une assurance voyage, gardez les coordonnées et le numéro de police de votre assureur à portée de main. En cas d'urgence médicale, de perte de bagages ou d'autres problèmes imprévus, votre fournisseur d'assurance voyage peut vous guider tout au long du processus de réclamation ou d'obtention de l'aide dont vous avez besoin.

Applications et sites Web recommandés

À l’ère du numérique, avoir les bonnes applications et sites Web à portée de main peut grandement améliorer votre expérience de voyage en Italie. Ces outils peuvent vous aider dans tous les domaines, de la navigation à la traduction linguistique, rendant votre voyage plus fluide et plus agréable.

L'une des applications les plus essentielles pour voyager en Italie est Google Maps. Cette application fournit des cartes et des indications détaillées pour la conduite, la marche et les transports publics, facilitant ainsi la navigation dans les villes et les zones rurales. Vous pouvez également télécharger des cartes pour une utilisation hors ligne, ce qui est particulièrement utile dans les zones où l'accès à Internet est limité. Google Maps propose également des informations sur les restaurants, les attractions et les magasins à proximité, ainsi que les avis et notes des utilisateurs.

Pour les transports publics, l'application Trenitalia est indispensable pour ceux qui envisagent de voyager en train. Trenitalia est le principal opérateur ferroviaire d'Italie et son application vous permet de rechercher des horaires de train, d'acheter des billets et de vérifier les mises à jour en temps réel sur l'état des trains. Il est disponible en anglais et convivial, ce qui facilite la planification de vos voyages à travers le pays. De même, pour les transports urbains, des applications comme MyCicero et Moovit fournissent des informations sur les bus, tramways et métros locaux, vous aidant ainsi à vous déplacer dans les zones urbaines comme Rome, Milan et Florence.

La langue peut être un obstacle lorsque vous voyagez en Italie, en particulier dans les petites villes où l'anglais est moins couramment parlé. Des applications comme Google Translate peuvent vous sauver la vie, en proposant des traductions entre l'italien et votre langue maternelle. Google Translate dispose également d'une fonctionnalité qui vous permet d'utiliser votre appareil photo pour traduire du texte sur des panneaux, des menus et d'autres documents écrits, ce qui est incroyablement pratique dans les restaurants ou lors de la navigation dans des zones inconnues.

Une autre application fortement recommandée est TheFork (propriété de TripAdvisor), qui est populaire pour rechercher et réserver des restaurants dans toute l'Italie. TheFork fournit des avis, des photos et la possibilité de faire des réservations en ligne. Il propose également souvent des réductions pour les utilisateurs qui réservent via l'application. Cela peut être particulièrement utile dans les zones très touristiques où il peut être difficile de trouver une table dans des restaurants populaires sans réservation.

Pour ceux qui souhaitent explorer les sites culturels et historiques d'Italie, l'application Visit A City propose des itinéraires détaillés pour diverses villes et régions d'Italie. C'est une excellente ressource pour planifier vos journées, en fournissant des suggestions d'attractions, de musées et de monuments, ainsi que des informations pratiques telles que les heures d'ouverture et les prix des billets. L'application vous permet de personnaliser les itinéraires en fonction de vos intérêts et de vos contraintes de temps, facilitant ainsi l'optimisation de votre visite.

En matière d'hébergement, Booking.com et Airbnb sont deux des applications les plus populaires. Booking.com propose une large gamme d'hôtels, de chambres d'hôtes et d'auberges, tandis qu'Airbnb propose des séjours uniques, tels que des appartements, des villas et des agritourismes. Les deux plateformes vous permettent de lire des avis, de comparer les prix et de réserver votre séjour directement via l'application.

Pour ceux qui aiment conduire et explorer la campagne, Waze est une excellente application de navigation qui fournit des mises à jour du trafic en temps réel, des dangers routiers et des itinéraires les plus rapides vers votre destination. C'est particulièrement utile dans les grandes villes ou pendant les saisons de pointe, lorsque le trafic peut être dense.

Les voyageurs qui aiment rester connectés pourraient envisager d'utiliser une application VPN comme NordVPN ou ExpressVPN pour garantir un accès Internet sécurisé lorsqu'ils sont sur les réseaux Wi-Fi publics dans les hôtels, les cafés et les aéroports. Ceci est particulièrement important pour protéger les informations personnelles et garantir la confidentialité lors de l'utilisation des services bancaires en ligne ou des achats en ligne.

Enfin, pour la conversion de devises et la gestion du budget, des applications comme XE Currency sont inestimables. XE Currency fournit des taux de change en temps réel et vous permet de calculer rapidement les conversions. Il offre également une vue historique des taux de change, ce qui peut être utile pour comprendre les tendances et planifier vos dépenses.

Livres et films sur l'Italie

Les livres et les films peuvent être de puissants outils pour découvrir un pays avant de le visiter, offrant un aperçu de sa culture, de son histoire et de ses paysages. Pour l'Italie, un pays à l'histoire si riche et variée, la littérature et le cinéma ne manquent pas pour approfondir votre compréhension et votre appréciation de cette destination incroyable.

Pour ceux qui s'intéressent à l'histoire et à la culture italiennes, The Italians de John Hooper est un excellent point de départ. Ce livre propose un aperçu approfondi de la société italienne, explorant tout, de la politique et de la religion à la nourriture et à la vie de famille. Hooper, correspondant de longue date en Italie pour The Economist et The Guardian, offre un portrait nuancé et engageant du pays et de ses habitants, ce qui en fait une lecture incontournable pour quiconque cherche à comprendre ce qui motive l'Italie.

Un autre grand livre qui capture l'essence de la culture italienne est La Bella Figura : A Field Guide to the Italian Mind de Beppe Severgnini. Ce livre humoristique et perspicace emmène les lecteurs dans un voyage à travers les particularités de l'Italie, offrant un mélange d'écrits de voyage, de commentaires culturels et d'anecdotes personnelles. Les observations pleines d'esprit de Severgnini en font une lecture délicieuse, que vous prépariez votre voyage ou que vous souhaitiez simplement profiter d'une escapade littéraire en Italie.

Pour une perspective plus historique, A Farewell to Arms d'Ernest Hemingway est un roman classique qui se déroule pendant la Première Guerre mondiale en Italie. Le livre raconte l'histoire d'un ambulancier américain dans l'armée italienne et son histoire d'amour avec une infirmière britannique. La prose évocatrice d'Hemingway et ses descriptions vivantes du paysage italien confèrent un puissant sentiment d'appartenance, ce qui en fait un excellent choix pour ceux qui s'intéressent à la littérature et à l'histoire.

Si vous êtes amateur de fiction historique, Les Fiancés (I Promessi Sposi) d'Alessandro Manzoni est considéré comme l'un des plus grands romans italiens. Situé au XVIIe siècle, le livre suit les épreuves et tribulations de deux amants en Lombardie en période de guerre, de famine et de peste. Les Fiancés n'est pas seulement une histoire captivante mais aussi un portrait richement détaillé de la vie italienne dans le passé.

En termes de non-fiction, Under the Tuscan Sun de Frances Mayes est un mémoire populaire qui raconte les expériences de l'auteur lors de l'achat et de la restauration d'une villa en Toscane. L'écriture lyrique de Mayes et les descriptions vivantes de la campagne toscane, de la cuisine locale et du mode de vie italien ont inspiré de nombreuses personnes à visiter la région. Le livre a également été adapté en film qui, bien que différent du livre, capture la beauté et le romantisme de la Toscane.

En parlant de films, l'Italie a une riche tradition cinématographique et regarder des films italiens peut être une merveilleuse façon de s'immerger dans la culture avant votre voyage. La Dolce Vita de Federico Fellini est un classique qui offre un aperçu du style de vie glamour et hédoniste de Rome dans les années 1960. Le film est réputé pour ses scènes emblématiques, comme Anita Ekberg pataugeant dans la fontaine de Trevi.

Poursuivant là où nous nous sommes arrêtés, un autre film italien par excellence qui propose une exploration poignante de l'Italie d'après-guerre est Voleurs de bicyclettes (Ladri di Biciclette) de Vittorio De Sica. Ce chef-d'œuvre néoréaliste ouvre une fenêtre sur les luttes de la classe ouvrière à Rome après la Seconde Guerre mondiale, capturant l'essence de la ville et de ses habitants avec émotion brute et simplicité. Le portrait de la vie dans la Ville éternelle que donne le film est à la fois déchirant et éclairant, ce qui en fait un incontournable pour ceux qui cherchent à comprendre le tissu social de l'Italie à cette période charnière de l'histoire.

Pour une vision plus contemporaine de la vie italienne, La Grande Bellezza (La Grande Bellezza) de Paolo Sorrentino est un film visuellement époustouflant qui plonge dans le monde de l'élite romaine, explorant les thèmes de la beauté, de la décadence et du passage du temps. La cinématographie luxuriante et le récit réfléchi du film offrent un contrepoint moderne à l'imagerie classique souvent associée à l'Italie, mettant en valeur le paysage culturel dynamique et parfois contradictoire du pays.

Pour ceux qui cherchent à explorer l'Italie à travers la littérature et le cinéma, Call Me by Your Name d'André Aciman propose un récit à la fois moderne et intemporel se déroulant dans les paysages baignés de soleil du nord de l'Italie. Cette histoire de passage à l'âge adulte est à la fois une célébration de l'amour et une lettre d'amour à l'Italie elle-même, avec ses descriptions détaillées de la campagne, de la cuisine locale et du rythme de vie lent. Le livre a également été adapté en un film acclamé qui capture magnifiquement l'essence d'un été italien.

Enfin, Le Léopard (Il Gattopardo) de Giuseppe Tomasi di Lampedusa, à la fois roman et film, est une autre œuvre essentielle qui offre un aperçu de l'évolution historique et culturelle de l'Italie. Le roman, qui se déroule lors de l'unification de l'Italie au XIXe siècle, propose une riche exploration de l'aristocratie sicilienne et de l'évolution de l'ordre social. L'adaptation cinématographique de Luchino Visconti est un chef-d'œuvre visuel qui donne vie à la grandeur et au déclin de cette époque, ce qui en fait une œuvre importante du cinéma et de la littérature italienne.

Alors que vous préparez votre voyage, vous plonger dans ces livres et films peut non seulement vous inspirer, mais également vous permettre de mieux comprendre les contextes culturels et historiques qui ont façonné l'Italie. Que vous soyez attiré par l'élégance intemporelle de Rome, les trésors artistiques de Florence ou le charme rustique de l'Italie rurale, ces ressources offrent des informations inestimables qui enrichiront votre expérience de voyage.

Planifier un voyage en Italie est une expérience aux multiples facettes qui va au-delà de la réservation de vols et d'hébergement. En vous dotant de contacts importants, d'applications utiles et d'une riche sélection de livres et de films, vous serez bien préparé pour naviguer dans les nuances de la culture italienne et tirer le meilleur parti de votre voyage. Que vous exploriez les rues animées de Milan, les paysages sereins de la Toscane ou les ruines historiques de Rome, avoir ces ressources à votre disposition garantira que votre voyage soit non seulement mémorable mais aussi profondément enrichissant.

Alors que vous vous lancez dans votre aventure italienne, n'oubliez pas que la beauté du voyage ne réside pas seulement dans la découverte de nouveaux lieux, mais aussi dans la connexion avec la culture, les gens et l'histoire des destinations que vous visitez. En vous plongeant dans la littérature, le cinéma et les outils pratiques présentés dans ce chapitre, vous acquerrez une appréciation plus profonde de l'Italie et pourrez la vivre d'une manière qui résonne à la fois avec son passé et son présent. Profitez de votre voyage et que votre séjour en Italie soit aussi enrichissant et inoubliable que les innombrables voyageurs qui ont été captivés par son charme avant vous.

Chapitre 11

Conclusion

Pensées finales et inspiration

Alors que vous fermez ce guide et préparez votre aventure italienne, il est essentiel de réfléchir au voyage qui vous attend. L'Italie est un pays qui défie les descriptions simples ; c'est une terre de contrastes, où les ruines antiques cohabitent avec l'innovation moderne, où les villes animées cèdent la place à des campagnes tranquilles et où chaque région offre une perspective unique sur ce que signifie être italien. Ce guide avait pour objectif de vous doter des connaissances et des idées nécessaires pour naviguer dans ce pays diversifié et dynamique, mais plus important encore, il a cherché à vous inciter à explorer l'Italie avec un cœur et un esprit ouverts.

Voyager en Italie ne consiste pas seulement à cocher une liste de monuments célèbres ; il s’agit de s’immerger dans la culture, de se connecter avec les gens et de permettre à l'histoire et à la beauté de la terre de laisser une empreinte durable dans votre âme. Que vous vous promeniez dans les anciennes rues de Rome, que vous vous émerveilliez devant les chefs-d'œuvre de la Renaissance à Florence ou que vous savouriez les délices culinaires de Naples, chaque expérience en Italie a le potentiel d'être transformatrice. La riche mosaïque d'art, d'histoire, de gastronomie et de beauté naturelle du pays offre des possibilités infinies de découverte, et c'est dans ces moments d'exploration que la véritable magie de l'Italie se révèle.

L'Italie est un pays qui a inspiré d'innombrables artistes, écrivains et voyageurs au fil des siècles, et c'est maintenant à votre tour de vivre le même enchantement. Ce qu'il faut retenir de ce guide, c'est que l'Italie n'est pas une destination qu'il faut précipiter. Prenez le temps de savourer les petits moments, qu'il s'agisse de savourer tranquillement un expresso sur une place, de vous promener dans un vignoble au coucher du soleil ou simplement de vous asseoir sur un banc et de regarder le monde passer. Ces moments de réflexion tranquille vous permettront de vous connecter plus profondément à l'essence de l'Italie et vous laisseront des souvenirs qui dureront toute une vie.

Lorsque vous préparez votre voyage, n'oubliez pas que les expériences de voyage les plus enrichissantes proviennent souvent du fait de sortir des sentiers battus. Si les sites emblématiques de l'Italie valent sans aucun doute la peine d'être visités, ce sont les coins cachés du pays qui captiveront vraiment votre cœur. Ce guide vous a fait découvrir certains de ces trésors moins connus, des villages pittoresques et des ruines antiques aux paysages à couper le souffle et aux restaurants intimes. Mais il y a tellement plus à découvrir, et la meilleure façon d'y parvenir est d'adopter l'esprit d'aventure.

Encouragement à explorer

L'Italie est un pays qui récompense le voyageur curieux. S'il est facile d'être attiré par la grandeur de Rome, l'héritage artistique de Florence ou les canaux romantiques de Venise, la véritable âme de l'Italie se trouve souvent dans ses destinations plus petites et moins visitées. Pendant que vous explorez le pays, faites l'effort de vous aventurer au-delà des itinéraires touristiques typiques et recherchez des endroits qui ne sont peut-être pas sur le radar de tout le monde. Qu'il s'agisse d'un charmant village à flanc de colline en Toscane, d'une plage tranquille sur la côte des Pouilles ou d'un sentier de montagne isolé dans les Dolomites, ces joyaux cachés offrent une expérience authentique de l'Italie à la fois unique et profondément personnelle.

L'un des aspects les plus gratifiants du voyage en Italie est la possibilité d'entrer en contact avec la population locale. Les Italiens sont connus pour leur chaleur, leur hospitalité et leur passion pour la vie, et interagir avec eux améliorera votre compréhension et votre appréciation du pays. N'hésitez pas à engager une conversation avec un commerçant local, à demander des recommandations dans une trattoria familiale ou à participer à un festival communautaire. Ces interactions vous fourniront un aperçu de la culture italienne que vous ne trouverez dans aucun guide et enrichiront votre expérience de voyage d'une manière que vous n'auriez jamais imaginée.

Lorsque vous explorez l'Italie, gardez à l'esprit que chaque région a son propre caractère, façonné par des siècles d'histoire, de géographie et de tradition. Prenez le temps de découvrir les coutumes locales, les dialectes et les spécialités culinaires de chaque région visitée. Cela montre non seulement du respect pour la culture, mais vous permet également d'apprécier pleinement la diversité qui rend l'Italie si fascinante. Que vous dégustiez un verre de Chianti en Toscane, dégustiez des fruits de mer frais en Sicile ou dégustiez les fromages du Piémont, chaque bouchée raconte une histoire et chaque rencontre offre un aperçu de la riche mosaïque culturelle qu'est l'Italie.

L'Italie est un pays qui vous encourage à ralentir et à apprécier la beauté de la vie. Dans un monde qui semble souvent précipité et chaotique, l'Italie offre un sanctuaire où le temps semble s'être arrêté et où chaque instant est chargé de sens. En voyageant à travers le pays, adoptez la philosophie italienne de la dolce vita : la douceur de vivre. Prenez le temps de savourer un long repas avec vos proches, de déguster une glace en vous promenant dans une ville médiévale ou simplement de vous asseoir dans un parc et de vous imprégner de la beauté de votre environnement. Ces plaisirs simples sont au cœur de l'expérience italienne et rendent le voyage en Italie si spécial.

En conclusion, ce guide vous a fourni les outils et l'inspiration pour vous lancer dans un voyage inoubliable à travers l'Italie. Mais la véritable aventure commence lorsque vous mettez les pieds dans ce pays remarquable et que vous vous laissez guider par votre curiosité et votre passion pour la découverte. L'Italie est un endroit qui vous mettra au défi, vous surprendra et, finalement, vous captivera. C'est un pays qui vous invite à regarder au-delà de la surface, à approfondir son histoire, sa culture et ses traditions, et à repartir avec une compréhension plus riche du monde et de soi-même.

Alors que vous vous préparez à embarquer pour votre voyage en Italie, n'oubliez pas que les meilleures expériences viennent souvent de l'inattendu. Gardez l'esprit ouvert, soyez prêt à explorer l'inconnu et, surtout, permettez-vous d'être pleinement présent à chaque instant. L'Italie est un pays qui récompense ceux qui l'abordent avec un sentiment d'émerveillement et d'aventure, et c'est dans ces moments d'exploration que vous trouverez la véritable essence de la dolce vita.

Voyagez bien, savourez chaque expérience et laissez la beauté de l'Italie vous inspirer d'une manière que vous n'auriez jamais imaginée. Votre voyage italien vous attend et il promet d'être tout simplement extraordinaire.

Made in United States
Orlando, FL
20 February 2025

58746357R00101